DESCRIPTION
DES
OBJETS D'ARTS
QUI COMPOSENT

LE CABINET
DE

FEU M. LE BARON V. DENON.

SE TROUVE:

A PARIS,

Chez TILLIARD FRÈRES, libraires du roi de Prusse,
Rue Hautefeuille, n° 22;

TREUTTEL et WURTZ, libraires,
rue de Bourbon, n° 17;

A STRASBOURG et A LONDRES,
même Maison.

DESCRIPTION
DES
OBJETS D'ARTS

QUI COMPOSENT

LE CABINET

DE

FEU M. LE BARON V. DENON,

Membre de l'Institut de France (Académie des Beaux-Arts); correspondant de la Société asiatique de Calcuta; officier de l'ordre royal de la Légion-d'Honneur; chevalier de l'ordre de Sainte-Anne de Russie, et de la couronne de Bavière; ancien gentilhomme ordinaire de la chambre du Roi; ancien directeur des Musées royaux, et de la monnaie des médailles, etc.

TABLEAUX,
DESSINS ET MINIATURES,

PAR A. N. PÉRIGNON.

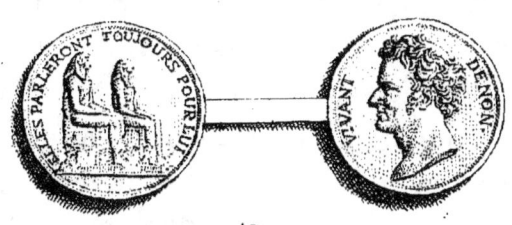

PARIS,
IMPRIMERIE D'HIPPOLYTE TILLIARD,
Rue de la Harpe, n° 78.

1826.

AVERTISSEMENT.

Les tableaux et les dessins dont se compose la partie de la collection décrite ici, offrent une variété et une richesse peut-être unique dans les collections de particuliers.

Cette variété et cette richesse sont le résultat des idées générales qu'avaient données à M. Denon, autant l'étendue de ses connaissances acquises, que l'esprit d'observation qui lui était naturel. On sent de quel intérêt des tableaux et des dessins, réunis par un juge aussi éclairé, doivent être, pour les amateurs, les artistes et les curieux; ils pourront observer, dans cette réunion, les périodes des progrès et de la décadence des arts, et les divers génies de toutes les écoles, depuis les beautés primitives des Giotto, Masaccio, et Albertinelli, jusqu'au facile Watteau, et au maniéré Raoux. Entre ces points extrêmes, se trouvent classées des productions remarquables, soit en peintures, soit en dessins, d'André del Sarto et des peintres florentins, de Raphaël, de ses disciples, du Corrége et des peintres de Parme et de Lombardie, du Titien et des coloristes vénitiens, des Carrache et de leurs élèves; productions qui donnent une idée du génie élevé et de la grandeur des belles écoles d'Italie, et enfin des artistes maniérés qui y ont amené la décadence des arts. Dans les écoles flamande, allemande et hollandaise, se classent également plusieurs de ces ouvrages si achevés et si parfaits d'exécution, qui ont illustré les Rembrandt, Téniers, Ruysdaël, Backuisen, Cuyp, Both, Ostade, et enfin tant de peintres habiles, au milieu desquels Albert Durer et Rubens semblent s'être élevés pour disputer aux peintres d'Italie la palme du génie. Les productions de l'école française, depuis les chefs-d'œuvre du Poussin, de Claude Lorrain, de Lesueur et de Lebrun, jusqu'à Coypel et Boucher, offrent aussi une suite curieuse pour l'histoire de l'art, et qui prouve quelle a été, de tout temps, l'influence du caprice et de la mode. Les ouvrages des contemporains, que les jugements de l'avenir sauront classer au véritable rang qu'ils méritent, devaient attirer l'attention et les suffrages d'un juge sans prétention, à qui la juste admiration pour les chefs-d'œuvre des anciens maîtres n'ôtait pas la volonté d'apprécier les productions modernes, et qui, artiste lui-même, a pris tant de part à la gloire et au succès de notre école; des tableaux, des esquisses, des dessins des artistes vivants de divers pays, mais principalement de l'école française, fourniront un motif de comparaison intéressant et curieux.

Après avoir parlé de la science, du discernement et du goût qui ont présidé à la formation du cabinet de M. Denon, on est conduit naturellement à s'arrêter sur le mérite de ses productions pittoresques; et, sans parler en détail de son œuvre d'eaux-fortes qui, seules, lui ont acquis un rang distingué dans les arts (1), il est à propos d'appeler ici l'attention sur la suite de dessins de sa main, dont la description terminera cette partie. Ces dessins donnent l'idée de la vivacité de son imagination et de sa facilité à rendre en peu de traits les objets divers qui le frappaient; on y voit, tracés avec esprit et sentiment, soit des portraits empreints d'un caractère parfait de ressemblance, soit des compositions neuves et originales, soit enfin ce qu'il a observé dans ses nombreux voyages, et surtout dans l'Égypte, cet antique berceau des sciences et des arts, où

(1) La partie qui traite des estampes, donne l'idée et le nombre des planches qui composent cet œuvre.

M. Denon a tout vu avec une curiosité si vive et un zèle si ardent, et d'où il a rapporté des sources d'instruction qui auraient suffi pour l'illustrer et pour lui mériter la reconnaissance des savants et des artistes.

Les astérisques, placés à la suite de la désignation des tableaux et dessins, indiquent que ces tableaux ou dessins ont été lithographiés pour un ouvrage que M. Denon se proposait de publier.

Les lettres B, C, T, indiquent que les tableaux sont peints sur bois, sur cuivre ou sur toile.

DESCRIPTION
DES OBJETS D'ARTS

QUI COMPOSENT

LE CABINET

DE FEU M. LE BARON V. DENON.

TABLEAUX

ANCIENS ET MODERNES DES TROIS ÉCOLES.

TABLEAUX DES ANCIENNES ÉCOLES D'ITALIE.

ALBANE (Francesco Albani dit l'). *Né en 1578, mort en 1660. École bolonaise.*

1. Un tableau du ton clair et suave, qui est le caractère principal des productions de ce peintre gracieux, émule et rival du Guide. Il représente le Temps enlevant la Vérité. Ces deux figures, bien groupées, se détachent sur un ciel léger, et semblent planer dans les airs.

Ce morceau, sans être des plus parfaits du

TABLEAUX.

maître, a cela de curieux que le Guide avait traité un sujet à peu près semblable, sujet dont le Poussin s'est emparé, et qu'il a développé d'une manière si supérieure.*

Hauteur 18 pouces. — Largeur 14 pouces. Peint sur toile, de forme ovale.

ALBERTINELLI (Marioto).
Né vers 1447, *mort en* 1512. *École florentine.*

2. La Vierge, assise sur un trône, présente l'enfant Jésus à saint Jérôme, qui est à genoux en face de sainte Catherine, que l'on voit aussi au pied du trône, tenant un livre et la palme du martyre. Derrière ces deux figures on remarque, près d'une balustrade, saint Georges et un pape. Cette composition mystique est groupée dans un paysage ; elle offre cette symétrie que l'on cherchait dans les premières époques de la peinture en Italie. Le précieux fini de l'exécution répond parfaitement à la naïveté de la composition et des caractères de têtes.

Diamètre 10 pouces et demi -B. Forme ronde.

ALEXANDRE VÉRONÈSE (Alessandro Turchi, dit).
Né en 1580, *mort en* 1650. *École vénitienne.*

3. Jésus vient de Nazareth aux rives du Jourdain pour recevoir le baptême de son précurseur. Le groupe principal n'est placé qu'au second plan ; tandis que sur le devant on voit

les habitants de Jérusalem et de la Judée, qui viennent d'être baptisés, ou qui s'apprêtent à l'être : une composition aussi riche a donné lieu à l'artiste de développer des poses et des effets variés, et de faire briller son talent de coloriste.

Largeur 55 pouces. — H. 38 pouces. T.

PAR LE MÊME.

4. Le Christ descendu de la croix, pleuré par les saintes femmes. Esquisse terminée, où l'on remarque la science des raccourcis et de l'effet.

Largeur 17 pouces. — H. 12 pouces. T.

ANDRE DEL SARTO (Andrea Vannuchi).
Né en 1483, mort en 1530. École florentine.

5. Portrait d'une femme d'une physionomie noble et gracieuse. Elle est assise et presque de face; la tête et les mains sont du plus précieux fini, et d'une couleur suave, que fait ressortir une robe d'un rouge harmonieux. Un vase à parfums placé dans la main de cette dame, et l'auréole qui est au-dessus de sa tête, semblent d'abord désigner sainte Magdeleine, mais l'ajustement et la pose indiquent parfaitement un portrait qui pourrait être celui de l'épouse du peintre, qu'il peignait souvent.

On admire dans ce morceau remarquable, une perfection qui justifie le surnom qu'on donnait à son auteur (Andrea senza errori), et qui le rend digne de décorer la plus belle galerie.

H. 33 pouces et demi. — Largeur 24 pouces et demi. B.

ANTONELLO de Messine.
Né vers 1447. École vénitienne.

6. Portrait d'un antiquaire, vu en buste, et tenant une médaille. La tête, d'un caractère sévère, coiffée de cheveux touffus et d'une toque noire, se détache sur un fond de paysage.

On est porté à examiner avec intérêt et curiosité une production authentique de l'artiste qui s'illustra en introduisant en Italie la peinture à l'huile, dont il avait appris le secret de Jean van Eyck. Celle-ci offre des beautés d'exécution très remarquables, surtout quand on considère de quelle époque elle date. *

H. 11 pouces. — Largeur 8 pouces. B.

BAROCHE (Frédéric).
Né en 1528, mort en 1612. École romaine.

7. Répétition en petit d'une des compositions les plus remarquables de cet artiste; sujet de la descente de croix. Morceau précieux, sous le double rapport de son exécution fine et spirituelle, et de la vérité des expressions. *

H. 11 pouces. — Largeur 8 pouces. C.

BELLIN (Jean).
Né en 1426, mort en 1516. École vénitienne.

8. Près de l'enfant Jésus, saint Joseph lit les prières que répètent la Vierge et sainte Cathe-

rine, que l'on voit debout et les mains jointes.

Les figures, de grandeur naturelle, se détachent sur un fond de paysage montagneux.

Ce tableau, des plus parfaits du maître, est d'un pinceau délicat et précieux, il offre des caractères de têtes pleins de naïveté et de finesse. L'ajustement des draperies est d'un goût excellent dans sa simplicité primitive. *

Largeur 39 pouces. — H. 30 pouces. B.

MÊME ÉCOLE.

9. La Vierge et saint Joseph à genoux près de l'enfant Jésus en avant de la crèche; dans l'éloignement on aperçoit un paysage. Tableau plein de vérité et de simplicité.

Largeur 14 pouces. — H. 7 pouces et demi. B.

BERNIN (Gio Lorenzo). Peintre, sculpteur, architecte.

Né en 1598, mort en 1680. École romaine.

10. Sujet mystique. Près du Christ en croix, la Vierge portée sur des nuages, recueille le sang précieux qui coule de ses plaies, tandis que le Père éternel indique la place que son divin fils va occuper dans le ciel. Divers groupes d'anges terminent la composition.

Dans cette production, pleine de mérite, on voit à quel degré le Bernin a porté son talent en peinture, talent qu'il joignait à la sculpture, qui était sa passion dominante, à l'architecture, où il a déployé un génie vaste, et enfin à des connaissances variées et profondes dans la mécanique et la littérature, qui étaient ses délassements habituels. *

H. 15 pouces et demi. — Largeur 11 pouces. T.

BONIFAZIO.

Né en 1491, *mort en* 1553. *École vénitienne.*

11. Deux tableaux faisant pendant, dont l'un représente le sujet de la continence de Scipion, et l'autre paraît être Romulus faisant bâtir la ville de Rome. Ces deux morceaux sont peints avec facilité, et sont de cette belle couleur qui caractérise l'école vénitienne.

On ne peut mieux faire connaître le mérite des productions de Bonifazio, qu'en rappelant qu'on les attribue quelquefois au Titien, son maître.

Largeur 19 pouces. — H. 8 pouces. Toile collée sur bois, de forme ovale.

PAR LE MÊME.

12. Joli tableau, forme de frise; sujet de la Visitation. Les figures, d'une belle couleur, se détachent sur un fond de paysage largement touché, et qui offre de beaux effets de lumière. *

Largeur 17 pouces. — H. 8 pouces. B.

BOTICELLI (Sandro Filippi). Peintre et orfévre.
Né en 1437, *mort en* 1515.

13. La Vierge assise près de son prie-dieu, tient l'enfant Jésus embrassé. Près d'elle le jeune saint Jean est en prière. Les ajustements sont rendus avec soin et d'un goût excellent : on voit déjà dans ce tableau rare et curieux, qui date de l'origine des arts en Italie, un sentiment de formes élevé, joint à l'exacte observation de la nature.

H. 33 pouces. — Largeur 27 pouces. B.

CARAVAGE (Michel-Ange Amerighi, dit le).
Né en 1569, *mort en* 1609. *École romaine.*

14. Un beau tableau de galerie, représentant un Évangéliste assis et prêt à écrire. La tête est d'un ton riche que fait ressortir sa barbe blanche, et d'une vérité parfaite dans les détails de sa physionomie imposante.

Cette production présente une fierté d'exécution où l'on reconnaît un des artistes les plus originaux de l'Italie, qui eut long-temps une vogue prodigieuse, et dont la manière extraordinaire a créé une nouvelle école.

H. 46 pouces. — Largeur 34 pouces. T.

COELLO (Alonso Sanchès).
Né en 1515, *mort en* 1590. *École espagnole.*

15. Dans un paysage aride et montagneux, une

villageoise et ses deux enfants sont à genoux devant un religieux qui touche d'une baguette un rocher d'où jaillit de l'eau ; près de lui un de ses frères est en méditation pendant ce miracle. Esquisse touchée avec esprit, et curieuse. Coëllo était surnommé le Titien portugais.

H. 13 pouces. — Largeur 10 pouces et demi. T.

CORRÈGE (Antonio Allegri, ou Lieto, dit le).
Né en 1494, mort en 1534. École de Parme.

16. Deux petites têtes d'anges, du ton séduisant, et du pinceau enchanteur qui faisaient dire à Jules Romain que les carnations du Corrège étaient celles de la chair, et n'étaient pas de la peinture. Ces deux échantillons méritent une place distinguée dans toute collection, malgré leur petite dimension ; les ouvrages du Corrège ont étonné tous les peintres de son temps comme ceux qui l'ont suivi : ses moindres productions présentent toujours un grand intérêt et un charme qui n'est qu'à lui.

Diamètre 2 pouces et demi. Toile collée sur bois. Forme ronde.

CASTIGLIONE (Giovanni Benedetto), ou son école.
Né en 1616, mort en 1670. École génoise.

17. Plusieurs hommes, femmes et enfants se reposant et attendant la suite d'une caravane que l'on aperçoit dans l'éloignement.

Largeur 23 pouces. — Hauteur 17 pouces. T.

CRESPI (Joseph Marie).
Né en 1665, mort en 1747. École de Bologne.

18. Esquisse savamment touchée, et d'une belle couleur, représentant la Nativité. On voit au premier plan sainte Anne et sa famille s'empressant de soigner l'enfant Jésus. L'imagination du peintre lui a fait tirer un parti avantageux du sujet, qu'il a rendu riche et gracieux par plusieurs groupes heureux, et l'élégance des poses. *

Largeur 16 pouces et demi. — Hauteur 13 pouces. T.

DOLCI (Carlo).
Né en 1616, mort en 1686. École florentine.

19. Saint Sébastien attaché à un arbre par deux bourreaux, et prêt à souffrir le martyre. Sur le devant on voit sa cuirasse et ses vêtements, et dans le fond les archers. Un paysage très soigné fait valoir l'effet prononcé, et la couleur des figures. On retrouve dans l'expression du saint la douceur et la résignation que Carlo Dolci savait imprimer aux têtes de Christ et de Vierge qu'il peignait ordinairement, et la fonte de couleur qui a porté si haut sa réputation.

Les tableaux composés de cet artiste sont fort rares. Les connaisseurs qui ont vu le peu qui en existe à Florence, n'ont point hésité à reconnaître ici une de ses productions.

Largeur 26 pouces. — Hauteur 21 pouces et demi. T.

DOSSO (Dossi).
Florissait en 1560. École ferraraise.

20. Petit échantillon largement touché, représentant la Vierge portée sur des nuages, et tenant son divin fils sur ses genoux. La force des tons, la grâce et la fermeté du pinceau agrandissent, pour ainsi dire, ce petit tableau, où tout dénote le grand maître, et où l'on retrouve un goût d'ajustement et de dessin dignes du Carrache. *

Diamètre 4 pouces un quart. Forme ronde.

FRA BARTOLOMMEO DELLA PORTA OU DI SAN MARCO (Bartolommeo Baccio dit).
Né en 1469, mort en 1517. École florentine.

21. La présentation au Temple. Le pontife vient de recevoir l'enfant Jésus des mains de la Vierge. Placé en face de Marie, saint Joseph tient une colombe et un cierge.

Cette composition, d'une simplicité noble et d'un style élevé, est encore embellie par la grâce de l'exécution et l'harmonie de la couleur. Une pareille production du peintre qui contribua par ses conseils au développement du talent de Raphaël, doit attirer l'attention des amis du grand style. Elle est aussi de la plus grande rareté. Les exercices spirituels du couvent qui occupèrent une grande partie de la vie de cet illustre peintre, ne lui ont permis de produire que peu d'ouvrages. *

H. 33 pouces et demi — Largeur 20 pouces. B.

GADDI (Taddeo).
Né vers 1300, vivait encore en 1352. École florentine.

22. Près de Jésus crucifié on voit la Vierge et saint Jean dans l'abattement de la plus profonde douleur, et la Magdeleine embrassant le pied de la croix. Plus loin, des cavaliers, des soldats et les habitants de Jérusalem s'acheminent vers cette ville, tandis que Joseph d'Arimatie et Nicodème viennent pour ensevelir leur maître. Du côté opposé on aperçoit un pays immense qui se prolonge jusque vers l'horizon.

Une production aussi remarquable d'un élève du Giotto est de la plus grande curiosité; elle réunit la force des expressions et un style déjà prononcé dans les draperies, à l'extrême fini du pinceau. Rubens a pris la plus grande partie de la composition de ce tableau pour représenter le même sujet, que l'on voit au Musée royal. *

H. 18 pouces. — Largeur 13 pouces. Forme cintrée.

TABLEAUX.

GIOTTO.
Né en 1336. École florentine.

23. Deux tableaux des plus curieux, qui datent de la première époque de la peinture en Italie. Ils représentent deux apôtres, saint Paul et son disciple saint Marc. Ces figures sont en pied, et se détachent sur des fonds dorés.

On est surpris de la beauté des caractères de tête et de la finesse du pinceau que présentent des productions si anciennes. Elles confirment tout ce qu'il y eut d'extraordinaire dans le fameux Giotto qui, le premier, fit abandonner la manière sèche et grossière des peintres de ce temps. *

H. 14 pouces. — Largeur 17 pouces et demi. B.

GUERCHIN (Francesco Barbieri, dit le).
Né en 1590, mort en 1666. École bolonaise.

24. Saint Joseph et la Vierge soutiennent l'enfant Jésus endormi, tandis qu'un ange, assis près d'eux joue du violon ; la composition se détache sur un fond de paysage. On admire dans ce précieux tableau de chevalet la facilité surprenante de pinceau et cette harmonie parfaite de couleur qui faisaient dire au Tiarini, peintre contemporain : « Seigneur Guerchin, vous faites ce que vous voulez, et nous autres ce que nous pouvons. »

Diamètre 26 pouces et demi. T. Forme ronde.

PAR LE MÊME.

25. Un autre tableau, aussi très remarquable; il représente le Christ descendu de la croix et pleuré par deux anges. Dans ce morceau on remarque un effet ferme et décidé, un pinceau large et moelleux; la figure du Christ, surtout, offre des beautés du premier ordre.

Largeur 16 pouces et demi. — H. 13 pouces et demi. T.

PAR LE MÊME.

26. Près d'un monument ruiné on voit la Vierge tenant l'enfant Jésus dans ses bras. Ce groupe, éclairé d'une manière vive et piquante, se détache en partie sur un fond de ciel vigoureux; l'exécution de ce tableau est large et facile. Il est gravé.

H. 11 pouces. — Largeur 10 pouces. C.

MÊME ÉCOLE.

27. Portrait d'homme de trois quart. Il est en buste, la tête est pleine de vie et d'une belle couleur.

H. 16 pouces et demi. — Largeur 13 pouces et demi. B.

LUTI (Benedetto).
Né en 1666, mort en 1724. École florentine.

28. La Magdeleine assise sur un rocher dans le désert, les mains jointes, est en prière près d'une

TABLEAUX.

croix et d'une tête de mort. Tableau de galerie, vigoureux d'effet et de pinceau.

H. 48 pouces. — Largeur 34 pouces. T.

MASACCIO.
Né en 1401, mort en 1443. École florentine.

29. Portrait de femme de grandeur naturelle, en buste et de profil. Elle est coiffée de longs cheveux blonds, retroussés par derrière, et retenus par une gaze; son col est entouré d'une chaîne de jais : elle se détache sur un fond de paysage.

Ce tableau rare et curieux est d'une vérité singulière et d'une exactitude de contour remarquable.

C'est Masaccio qui, par ses compositions, a ouvert la carrière à ceux qui l'ont suivi, et qui leur a indiqué les ressources de leur art. *

H. 15 pouces et demi. — Largeur 10 pouces. B.

MURILLO (Esteban).
Né en 1618, mort en 1682. École espagnole.

30. Saint Augustin à genoux et en extase à l'apparition de la sainte Vierge et de Jésus; près du saint on voit deux anges : l'un tient sa crosse. et l'autre son bonnet d'évêque; en avant sont quelques volumes. Ce précieux morceau est l'esquisse très terminée pour le même sujet

en grand qui est dans la galerie de M. le maréchal duc de Dalmatie. *

H. 12 pouces et demi. — Largeur 9 pouces et demi. T.

PAR LE MÊME.

31. Près du village de Nanterre, sainte Geneviève, accompagnée de ses parents, est rencontrée par saint Germain, qui lui donne sa bénédiction, et lui conseille de suivre sa vocation et de se consacrer à Dieu. Tableau remarquable surtout par un ton clair et harmonieux, qui donne à toute la composition un aspect doux et agréable, parfaitement convenable au sujet et au lieu. *

Largeur 18 pouces. — H. 12 pouces et demi. T.

MÊME ÉCOLE.

32. Sujet mystique. La Vierge dans les nuages, et les pieds sur le globe, tient l'enfant Jésus qui, avec la croix, vient de terrasser le serpent. Deux anges tiennent une couronne sur la tête de la Vierge; d'autres, qui entourent la gloire, complettent la composition.

H. 15 pouces. — Largeur 10 pouces. T.

MÊME ÉCOLE.

33. Jeune femme d'un caractère sévère, vue en buste et de profil. Elle est coiffée en cheveux et ajustée d'une robe blanche et d'une draperie d'un ton vigoureux.

H. 23 pouces. — Largeur 17 pouces. T.

PARMESAN (Francesco Mazzuola, dit le).
Né vers 1503, mort en 1540. École de Parme.

34. Le portrait de ce peintre, par lui-même. Il est de profil, seulement en buste. L'exécution en est précieuse ; la couleur et le pinceau ont une suavité digne du Corrège.

On disait à Rome de cet artiste gracieux et fécond, que l'esprit de Raphaël était passé dans sa personne : son portrait appartient à l'histoire de la peinture ; le caractère de parfaite ressemblance, la perfection que l'on admire dans ce morceau, le classent parmi les ouvrages remarquables des grands peintres de l'école d'Italie. *

H. 9 pouces et demi. — Largeur 8 pouces. T.

PAUL VERONÈSE (Caliari, dit).
Né en 1530, mort en 1588. École vénitienne.

35. Portrait de saint Louis, d'après une des images les plus ressemblantes du temps. Il est vu plus qu'à mi-corps et de grandeur de nature. Il tient la main de justice et son sceptre ; sa cuirasse est en partie recouverte d'un manteau rouge ; un page lui présente son casque.

H. 47 pouces. — Largeur 37 pouces. T.

POMPONIO, fils du Corrège. *École de Parme.*

36. La Vierge assise dans un paysage, tient sur ses genoux son divin fils endormi : elle le re-

garde avec amour, et soulève une de ses mains; plus loin on aperçoit saint Joseph. Dans le haut de la composition, on voit des anges qui contemplent l'enfant Jésus.

On admirera dans ce précieux tableau l'abandon et la grâce des poses, le jet heureux des draperies, et cette magie de couleur que Pomponio avait puisée dans les ouvrages de son illustre père.

H. 17 pouces. — L. 14 pouces. T.

PAR LE MÊME.

37. La Vierge présente l'enfant Jésus aux embrassements du petit saint Jean. Quoique ce tableau ne soit pas de la force du précédent, il offre encore ces poses gracieuses, et surtout ce ton de couleur séduisant qui n'appartiennent qu'à cette belle école.

H. 10 pouces et demi. — L. 8 pouces et demi. T.

PRIMATICCIO (Francesco).
Né en 1490, mort en 1570. École bolonaise.

38. Portrait de Henri II, vu en buste, et ajusté à l'imitation des médailles des empereurs romains. Sa barbe et ses cheveux noirs, couverts de la couronne de lauriers, font valoir la noblesse de sa physionomie.

Ce portrait est intéressant, en ce qu'il a été peint d'après nature, et par l'artiste qui appelé en France, y a fondé les premières écoles de peinture.

H. 20 pouces — L. 17 pouces. B.

PROCACCINI (Jules César).
Né en 1548, mort en 1626. École génoise.

39. Des amours groupés près de l'autel qui leur est consacré, forgent et essayent leurs traits. Ce tableau gracieux est d'un effet convenable pour les hauts de cabinet.

On a cru aussi retrouver dans ce morceau la manière de Valerio Castelli. *

L. 42 pouces. — H. 34 pouces. T.

RONDANI.
Mort avant 1548. École de Parme.

40. Assise sur un trône, la Vierge soutient légèrement l'enfant Jésus qui, debout près d'elle, reçoit les adorations de sainte Catherine, du petit saint Jean et de deux anges.

On voit dans cette production de Rondani, imitateur du Corrège et contemporain du Parmesan, le gracieux des poses, la belle couleur que l'on devait puiser dans les chefs-d'œuvre de ces deux grands maîtres. Les ouvrages de ce peintre sont très recherchés.

H. 27 pouces. — L. 20 pouces. B.

SANTI TOSINI (dit Fra Giovanni Angelico da Fiesole).
Né en 1387, travaillait encore en 1457. École florentine.

41. Deux précieux tableaux composant le sujet de la Visitation, les figures à mi-corps. La grâce du pinceau y est admirable, et les têtes ont cette expression angélique et de candeur qui faisait dire qu'il fallait que ce peintre religieux eût vu ses modèles dans le Paradis.

<small>H. 11 pouces et demi. — L. 9 pouces et demi. B.</small>

SASSO FERRATO (Batista Salvi da).
Né en 1607, mort en 1689. École romaine.

42. La Vierge en buste, les mains jointes, ayant la tête et les yeux baissés. Sasso Ferrato a continuellement répété ce tableau; celui-ci est d'une pâte et d'une couleur qui le classent au rang de ses meilleures productions.

<small>H. 17 pouces et demi. — L. 13 pouces et demi. T.</small>

SCHIAVONE (André).
Né en 1515, mort en 1582. École vénitienne.

43. Trois tableaux agréables, représentant des sujets de la Fable, et qui semblent faire suite; celui du milieu, d'une composition riche, offre Diane entourée de ses nymphes, et découvrant la grossesse de Calisto.

Ce maître, admirateur des productions du

Giorgion et du Parmesan, réunit souvent les qualités des écoles de Parme et de Venise.

<small>Largeur de celui du milieu 17 pouces et demi. — H. 6 pouces et demi. Largeur des deux autres 7 pouces et demi. — H. 6 pouces et demi.</small>

SCHIDONE (Barthelemi).
Né en 1560, mort en 1616. École de Parme.

44. La Vierge, représentée à mi-corps, tient l'enfant Jésus qui embrasse le petit saint Jean; saint Joseph les contemple avec ravissement. Le jeu et l'effet des lumières et des ombres, la grâce des mouvements et des airs de tête que l'on admire dans ce tableau, donnent l'idée des qualités qui ont valu au Schidone sa grande célébrité, et qui ont toujours fait rechercher ses ouvrages avec empressement. *

<small>H. 19 pouces. — L. 16 pouces. T.</small>

PAR LE MÊME.

45. Un bel enfant portant un gros livre; il est vu en buste, une partie de sa figure est frappée par une lumière vive, le reste est dans l'ombre. Ce morceau est d'une couleur douce et harmonieuse, qui font voir combien le Schidone avait étudié les productions du Corrège.*

<small>H. 9 pouces et demi. —L. 7 pouces et demi. B.</small>

MÊME ÉCOLE.

46. Saint Sébastien assis et attaché; on aper-

TABLEAUX.   21

çoit derrière lui un guerrier cuirassé qui lui lie les mains. Les figures sont de grandeur de nature.

H. 50 pouces. — L. 35 pouces. T.

MÊME ÉCOLE.

47. Jésus chez les Marie, au moment où Salomé reproche à Magdeleine de ne point s'occuper des soins du ménage, Jésus répond : *Elle a eu à choisir et elle a choisi le meilleur.* La composition est gracieuse, les poses sont vraies; on trouve dans ce tableau des parties dignes du Schidone.

H. 33 pouces. — L. 26 pouces. T.

SESTO (Cesare da).
Florissait vers 1510. *École milanaise.*

48. La Vierge assise, tient sur ses genoux l'enfant Jésus, qu'elle contemple avec ravissement; elle lui présente un bouquet de roses; dans l'éloignement on voit une fenêtre ouverte.

Ce tableau est curieux, on reconnaît dans les caractères de tête que Cesare da Sesto avoit suivi l'école de Léonard de Vinci.

H. 15 pouces. — L. 12 pouces. B.

SOIARO (Bernardo).

49. La Vierge, assise dans un paysage, tient l'en-

fant Jésus sur ses genoux; saint François, saint Augustin, et d'autres personnages, sont représentés en adoration.

Ce tableau, quoiqu'il ait souffert dans quelques parties, offre encore une grâce de dessin et de pinceau, et une fonte de couleur qui rappellent la belle école du Corrège.

H. 40 pouces. — L. 35 pouces. T.

TIEPOLO (Jean-Baptiste).
Né en 1692, mort en 1669. École vénitienne.

50. Deux tableaux d'une touche savante et hardie; compositions très originales, qui semblent des critiques sur quelque histoire du temps, ou sur des disputes de religion. Dans l'un on voit des religieux, brûlant au feu d'une vaste cheminée des livres et divers écrits; d'un côté, sur la porte, est écrit *silentium*, de l'autre côté sont les instruments de la Passion. Dans l'autre on voit une nombreuse assistance, écoutant avec attention un personnage dans le costume d'un héros de théâtre, le bâton de commandant à la main, et monté sur une table.

L. 29 pouces. — H. 17 pouces et demi. T.

MÊME ÉCOLE.

51. Deux tableaux de genre. L'un représente une mendiante aveugle; l'autre une vieille femme occupée à filer, et que deux jeunes garçons font

enrager. Ce tableau rappelle aussi les productions de Piazzetta.

H. 43 pouces. — L. 33 pouces. T.

VECCHIA (Pietro).
Né en 1605, *mort en* 1673. *École vénitienne.*

52. Une esquisse représentant un jeune homme et une jeune femme se tenant embrassés.

L. 12 pouces. — H. 9 pouces. T.

VELASQUEZ (Jacques Rodriguez da Silva).
Né en 1599, *mort en* 1660. *École espagnole.*

53. Un tableau de galerie, représentant des portraits dans les poses et les mouvements que l'on donne ordinairement à la Sainte Famille. Les personnages, de grandeur de nature, sont éclairés avec beaucoup d'art, et se détachent sur un fond de paysage d'un effet vigoureux.

Ce beau tableau est l'un des plus importants dont M. Denon ait fait choix pour le publier par la lithographie ; il présente une manière moins fondue que celle des ouvrages de Velasquez que l'on voit habituellement ; il pourrait avoir été produit à son retour d'Italie. M. Denon, dans ses voyages en Espagne, a pu apprécier les diverses manières de cet artiste ; c'est son opinion qui nous a guidé à cet égard. Le monogramme que l'on voit à la droite du tableau confirme cette opinion. *

H. 60 pouces. — L. 48 pouces. T.

MÊME ÉCOLE.

54. Portrait en pied du cardinal infant d'Espagne (frère de Philippe IV), gouverneur des Pays-Bas. Il est représenté debout près d'une table où est placée une couronne. Une croix d'argent, des armures, et d'autres accessoires sont rendus avec le plus grand soin. Ce tableau avait été attribué à Velasquez; nous y trouvons une manière fine et précieuse, mais différente de celle de ce maître.

H. 12 pouces. — L. 8 pouces et demi. C.

ZUCHERELLI (Francesco).
Né en 1702, mort en 1788. École florentine.

55. Deux paysages offrant des sites montagneux, couverts d'arbres sur les différents plans; dans l'un et dans l'autre on remarque des groupes de figures.

L. 27 pouces. — H. 16 pouces et demi. T.

56. Une peinture moderne grecque, représentant la Vierge et l'enfant Jésus.

H. 7 pouces. — L. 5 pouces. B.

TABLEAUX DES ANCIENNES ÉCOLES FLAMANDE, ALLEMANDE ET HOLLANDAISE.

ASSELYN (Jean).
Né vers 1610, mort en 1660.

57. Site pittoresque occupé en partie par une rivière qui serpente entre des rochers élevés, et sur laquelle on remarque quelques barques. Sur une route pratiquée au milieu des rochers on voit un muletier précédé de son mulet, une femme montée sur son cheval et accompagnée d'un paysan et de son fils. Ce tableau est très fin d'exécution.

L. 15 pouces et demi. — H. 11 pouces et demi. T.

BACKUISEN (Ludolph),
Né en 1631, mort en 1709.

58. Précieux tableau dont le premier plan est occupé par une plage sur laquelle on voit en avant un pêcheur chargé de ses filets, et plus loin divers autres groupes ; au-delà, sur toute l'étendue du tableau, la mer calme se développe à la vue jusqu'à l'horizon ; elle est couverte de diverses barques et bâtiments, la plupart avec leurs voiles déployées, et quelques-uns en marche. Un beau ciel parfaitement nuagé, et d'un aspect riant, couronne cette composition, qui est simple, mais agréable. On voit dans cette

production parfaite et achevée dans ses moindres détails, avec quel soin le peintre l'a terminée; elle peut, sans contredit, être considérée comme une des plus précieuses qui soient sorties de son pinceau. *

L. 22 pouces. — H. 16 pouces et demi. T.

BEGA (Corneille).
Né en 1620, mort en 1664.

59. Une jeune fille entourée d'instruments de musique, et jouant de la guitare. Le peintre a ajusté cette figure avec d'autres costumes que ceux de paysannes, qu'il emploie ordinairement. On pourrait croire, à l'ensemble de la composition, qu'il a voulu représenter une cantatrice du temps, ou la déesse de la musique.

Le précieux du pinceau et l'harmonie de la couleur, rachètent dans ce joli tableau le manque de style et de noblesse.

H. 14 pouces. — L. 12 pouces. B.

BERESTRATEN.

60. La vue exacte d'une ville de la Hollande, située au bord d'une rivière, et représentée pendant l'hiver. La rivière est prise et couverte de patineurs; elle conduit en serpentant à des lointains variés. On remarque comme objet principal un clocher entouré de diverses habitations couvertes de neige; des groupes de figures animent les différents plans de ce ta-

bleau, dont l'aspect est pittoresque et d'une vérité extraordinaire.

Il est surprenant que Berestraten ait été oublié par les auteurs qui ont écrit sur les artistes de son pays: plusieurs de ses ouvrages devraient lui avoir acquis un rang distingué parmi les plus grands paysagistes. Celui-ci est des plus remarquables qu'il ait produit, et le place sans contredit à côté de Ruysdaël.

L. 47 pouces. — H. 33 pouces.

BOTH D'ITALIE (Jean Both, dit).
Né en 1610, mort en 1650.

61. Un site pittoresque où l'on voit d'abord une masse de rochers ombragée par des arbres élevés et des broussailles. Près de là, un pont rustique est jeté sur un petit ruisseau provenant d'une baie que l'on aperçoit, bordée de plusieurs fabriques, et des côtes qui vont en se dégradant jusqu'aux montagnes qui terminent l'horizon. Ce pont sert de communication entre le chemin pratiqué dans les rochers et une route où l'on voit un muletier. Les détails de plantes et de broussailles, et les accidents de lumière que Both d'Italie rendait avec perfection, enrichissent ce précieux tableau; il est du ton chaud et doré qui était inspiré à ce grand paysagiste par les beaux sites d'Italie, inspiration à laquelle il a dû son surnom. *

L. 30 pouces. — H. 24 pouces et demi. T.

PAR LE MÊME.

62. Paysage éclairé par le soleil couchant, et dont les lointains se prolongent jusqu'à perte de vue, au-delà d'une rivière traversée par un pont qui paraît dans l'éloignement; une route qui part des premiers plans borde cette rivière; elle est ombragée par des arbres élevés et des masses de rochers couverts d'arbrisseaux. Un muletier voyage tranquillement sur le chemin. Ce tableau est très fin d'exécution; il brille aussi par un beau ton vaporeux habilement dégradé, et par les échos de lumière ménagés avec le plus grand art.

L. 20 pouces. — H. 16 pouces et demi. B.

BRACKEMBURCK (Reinier).
Né en 1649.

63. Deux tableaux représentant des intérieurs de maisons hollandaises; dans l'une on voit une vieille disant la bonne aventure à une jeune fille, et plus loin quelques autres personnages. Dans l'autre, un villageois présente de l'argent à une jeune fille, et semble conclure un marché avec elle. Divers accessoires et deux autres figures complètent la composition. Ces deux tableaux, supérieurs aux ouvrages ordinaires de Brackemburck, ont la finesse et l'esprit des productions de Jean Steen.

H. 12 pouces. — L. 9 pouces et demi. B.

BREUGHEL DE VELOURS (Jean Breughel, dit).
Né vers 1589, mort en 1642.

64. Dans un paysage d'une vaste étendue, on voit près d'un pont qui traverse une large rivière, une habitation qui semble être l'entrée d'un monastère; nombre de religieux, de cavaliers, de militaires et de marchands forment différents groupes, et animent les premiers plans; un riche lointain de coteaux et de montagnes couverts d'arbres en occupent le fond. Tous les détails y sont écrits avec l'esprit et la précision qui font encore rechercher les ouvrages de ce peintre. Ils ont été long-temps placés en première ligne par les artistes même et par les curieux. *

L. 9 pouces trois quarts. — H. 7 pouces. T.

BREUGHEL LE VIEUX (Pierre Breughel, dit).
Père du précédent.

65. Les réjouissances d'une noce de village en Flandres. C'est sur un plan éloigné que l'on voit, au milieu de différents groupes, la mariée assise, et que l'on reconnaît à la couronne qui orne sa tête. En avant, deux musiciens font danser les paysans au son de leur musette; un bois et quelques chaumières terminent les fonds. Ce tableau offre des caractères variés et pleins d'expression; il est aussi remarquable par une certaine naïveté de style et d'exécution

qui tient aux premiers temps de la peinture en Flandres. *

L. 18 pouces et demi. — H. 14 pouces. B.

CHAMPAGNE (Jean-Baptiste).
Né en 1643, mort en 1688.

66. Deux petits portraits : l'un est celui de dame Angélique Arnaud, abbesse de Port-Royal-des-Champs, l'autre celui de Boulanger, connu sous le nom de petit père André, prédicateur célèbre.

H. 3 pouces et demi. — L. 3 pouces. C. forme ovale.

COQUES (Gonzales).
Né en 1618, mort en 1684.

67. Petit portrait d'homme en buste, touché avec finesse.

H. 3 pouces. — L. 2 pouces et demi. C. forme ovale.

CRAESBEKE (Joseph van).
Né vers 1608.

68. Deux tableaux représentant des intérieurs rustiques. Dans l'un on voit un paysan jouant du violon; dans l'autre un homme plus âgé, pansant sa jambe malade.

H. 10 pouces. — L. 8 pouces et demi. B.

CRANACH (Lucas Muller, dit Luc de).
Né en 1472, mort en 1552.

69. Une jeune fille, dans le costume pittoresque et

singulier du quinzième siècle, tend ses deux mains à un homme âgé qui la regarde en souriant et qui va céder à ses sollicitations et vider toute sa bourse. Ce morceau, très piquant par les caractères de tête, est parfaitement fini dans ses moindres détails : il est aussi très conservé, avantage assez rare dans des productions aussi anciennes.

H. 14 pouces et demi. — L. 10 pouces. B.

CUYP (Albert).
Né en 1606.

70. Une campagne d'un aspect riant, représentée par un beau jour d'été; le point de vue offre d'un côté un groupe d'arbres élevés, se détachant en partie sur des rochers couverts de broussailles, et en opposition, un riche lointain, des fabriques au bord d'une rivière, et des chaînes de montagnes qui se joignent à un ciel chaud et vaporeux. Sur les devants de ce site, deux cavaliers sont arrêtés près d'un pâtre; l'un d'eux, descendu de son cheval, rajuste sa bride. Ces figures, frappées par le soleil, ressortent par opposition avec la masse d'ombre produite par diverses broussailles, et qui couvre tous les devants. Dans l'éloignement on aperçoit deux pâtres gardant leurs troupeaux de vaches et de moutons.

Les amateurs des productions de Cuyp trouveront dans celle-ci une composition où le peintre a pu déployer son grand talent de coloriste : nous ajouterons que ce tableau ne laisse rien à désirer sous le rapport du fini et de l'exécution.*

L. 22 pouces. — H. 16 pouces et demi. B.

DECKER (Cornelis).
Né en 1650.

71. Dans une habitation rustique et pittoresque, on voit un tisserand à son métier, éclairé par le jour d'une petite croisée donnant sur la campagne; dans la demi-teinte on distingue sa femme assise près d'une cheminée, et tenant son enfant sur ses genoux : plusieurs ustensiles de ménage, un rouet, une cage d'osier servent à rappeler des échos de lumière. Ce tableau est d'une harmonie et d'une touche qui en justifieraient la comparaison avec les ouvrages d'Ostade.

L. 17 pouces et demi. — H. 14 pouces. B.

DECKER (Jean).
Né en 1650.

72. Un ancien moulin à eau, entouré d'arbres variés, et situé près d'un chemin montant où l'on voit quelques voyageurs; au-delà de cette fabrique pittoresque, on aperçoit aussi une chaumière et un lointain de paysage. Un ciel

nuagé, et d'un effet piquant, en fait ressortir les accidents de lumière et les détails. J. Decker, imitateur de Ruysdaël, s'est presque élevé dans cette production à la hauteur de son modèle.

L. 31 pouces. — H. 25 pouces. T.

PAR LE MÊME.

73. Un paysage agréable, où l'on voit quelques masures au bord d'une petite rivière. Dans l'éloignement, au-delà d'un pont rustique, on aperçoit un pêcheur, et au fond un clocher qui se détache sur le ciel.

L. 14 pouces. — H. 12 pouces. B.

EYCK (Hubert van).

Frère cadet de Jean van Eyck, né en 1374, mort fort âgé.

74. Composition de huit figures, représentant le baptême d'Antoine, fils de Philippe-le-Bon, duc de Bourgogne, et d'Isabelle de Portugal. Ces deux personnages sont l'un et l'autre en prière sur le premier plan du tableau. La scène est encore composée des parrains, qui furent le neveu de l'empereur Frédéric, et l'évêque de Cambrai; et des marraines, la duchesse de Clèves, et la comtesse de Namur. Ce tableau, qui fut long-temps dans la ville de Dijon, est autant intéressant par la cérémonie et les personnages qu'il représente que par l'exécution et la vérité des expressions. *

H. 33 pouces. — L. 19 pouces. B.

HACQUERT (Jean).
Né en 1636.

75. Un site pris dans un pays marécageux, et ombragé par des arbres d'une verdure fraîche et humide. Le principal objet qui fixe l'attention, est un pont à bascule qui traverse une petite rivière ; on y voit un paysan qui se fait suivre par son chien. Dans ce précieux tableau, on voit que le peintre a réussi parfaitement à rendre les tons et les effets de la nature. *

L. 13 pouces. — H. 12 pouces. B.

MÊME ÉCOLE.

76. Paysage d'une exécution légère, et d'un ton vaporeux qui indique une belle soirée d'été : on y voit en avant un troupeau de vaches qui traversent à gué une rivière en partie ombragée par des arbres qui la bordent.

L. 15 pouces — H. 13 pouces. B.

HOBBEMA (Minder) *.

77. Un paysage de la Hollande, offrant un chemin tournant, bordé à droite et à gauche d'arbres variés. Dans la demi-teinte, et sous des

---

* Il est singulier que la vie d'un aussi grand peintre soit ignorée. Il n'en est pas question dans l'ouvrage de Descamps, le plus complet qui ait été écrit sur les peintres allemands, flamands et hollandais : on le considère généralement comme le maître de Ruysdaël.

bouquets d'arbres, on aperçoit une chaumière : on remarque aussi quelques voyageurs. Ce paysage, représentation fidèle de la nature, est touché avec esprit dans toutes ses parties, et brille par ces effets larges et décidés qui sont le caractère distinctif des productions d'Hobbema.

L. 14 pouces. — H. 11 pouces et demi. B.

HOLBEEN (Jean).
Né en 1485, mort en 1554.

78. Portrait d'une femme d'un certain âge; elle est ajustée d'une étoffe blanche singulièrement tournée, et formant une haute coiffure à la mode du temps. Elle est vue en buste, et l'on aperçoit le commencement d'une robe noire. Peu d'artistes ont joui d'une plus grande réputation que ce peintre; il fut attaché à Henri VIII, roi d'Angleterre, et vécut long-temps dans ce pays. Ses ouvrages sont rares: ils ont toujours un caractère frappant de vérité qui leur donne de l'intérêt et attire l'attention.

H. 7 pouces — L. 6 pouces. B.

PAR LE MÊME.

79. Petit tableau, aussi très fin d'exécution, mais qui joint à ce mérite une composition originale et curieuse. Il représente un enterrement;

on voit près de la fosse, où deux prêtres jettent l'eau bénite, les amis et les parents du défunt exprimant leur douleur. Plus loin, des pénitents noirs sont en prières.

L. 6 pouces. — H. 5 pouces. B.

MÊME ÉCOLE.

80. Un Pape célébrant la messe et consacrant. Il est assisté de deux cardinaux; deux jeunes enfants de chœur sont près de lui.

Ce tableau est aussi curieux par le caractère de la composition, que par son extrême fini.

H. 8 pouces. — L. 5 pouces et demi. B.

HOOGE (Pierre de).
Né en 1643.

81. Pierre de Hooge est le seul peintre auquel nous puissions attribuer le tableau que nous allons décrire, sans pourtant affirmer cette attribution : cet artiste est sans contredit celui qui a rendu avec le plus de vérité les divers effets de lumière dans les intérieurs ; la perfection de notre tableau sous ce rapport, est comparable à celle de ses productions. La composition est très simple : c'est une jeune fille assise et occupée à coudre devant sa croisée; les rayons du soleil frappent sur une partie de son ajustement, et produisent une lumière vive qui reflette les demi-teintes de sa figure.

Cet effet, tout-à-fait neuf et parfaitement senti, a été pris sur la nature. Une branche de vigne qui orne la croisée, une cage, d'autres accessoires, et dans le fond une cheminée, complettent la composition.

H. 16 pouces et demi. — L. 13 pouces et demi. T.

HOREMANS.

82. Deux tableaux représentant l'un et l'autre des hommes et des femmes chantant, fumant et groupés autour de tables dans des estaminets hollandais.

H. 12 pouces et demi. — L. 11 pouces. T.

JEAN DE MABUSE.
Né en 1499, mort en 1562.

83. L'ascension de la Vierge, développée dans une composition riche et mystique, au milieu de laquelle on voit la mère de Notre Seigneur debout, les mains croisées sur sa poitrine, et soutenue par deux anges. Le Père éternel et Jésus-Christ tiennent la couronne sur sa tête; le Saint-Esprit et une gloire d'anges enrichissent le haut de la composition. Plus bas on voit, à droite et à gauche, saint Jean, David, Moïse, les prophètes et les saints dans des nuages; plus bas encore, des anges font entendre un concert céleste : la partie inférieure de la composition offre les apôtres dans des poses variées, expri-

mant leur surprise et leur ravissement. Ce tableau, de l'exécution la plus précieuse, et riche en expressions et caractères divers, prouve que ce peintre avait rapporté d'Italie les idées du beau.

Albert Durer fit un voyage exprès pour voir une production de cet habile peintre, qui ornait le maître-autel de Middelbourg, et la citait comme un chef-d'œuvre.

H. 31 pouces.—L. 22 pouces et demi. B. forme cintrée.

KABEL (Van der).
Né en 1631, mort en 1695.

84. Un paysage qui rappelle quelques ouvrages de Claude, d'autant plus qu'il offre un site que ce grand peintre a peint quelquefois. L'objet principal est une tour et quelques fabriques qui se détachent sur de hautes montagnes; en avant l'on voit l'entrée d'une forêt; la partie du milieu est occupée par une rivière que va traverser un bac où sont plusieurs passagers. On remarque aussi quelques figures et des bergers gardant leurs troupeaux.

L'auteur de ce tableau, habitué à pasticher différents peintres, s'est tellement rapproché de Claude dans cette production, qu'on dirait que quelques parties sont de cet illustre paysagiste.

H. 28 pouces.— L. 22 pouces. T.

KOBEL (J. L.).
Mort il y a quelques années.

85. La fidèle représentation d'une prairie de la Hollande, pendant le calme d'un bel après midi. Sur cette prairie, ombragée par des arbres variés, on voit un pâtre endormi et une laitière portant ses seaux; on remarque aussi plusieurs vaches et moutons en repos. Une petite rivière qui va des premiers plans jusqu'à de riches lointains, semble donner de la fraîcheur à la verdure. Le peintre a montré la finesse de son exécution dans des plantes diverses qui entourent un arbre couché sur le devant du tableau. Kobel, imitateur passionné du fameux P. Potter, a fait peu d'ouvrages, mais il voulait les pousser à toute la perfection dont il était capable. Ses productions sont très recherchées; celle-ci est une des plus parfaites sorties de son pinceau.

L. 21 pouces et demi. — H. 17 pouces. B.

KONING (Jacob).
Né vers 1650.

86. Un vaste pays pris d'un point de vue élevé, et frappé par intervalles des rayons du soleil, où l'on voit des digues, et des prairies bordées de rivières qui serpentent jusqu'à l'horizon; on y remarque aussi plusieurs indications de villes, de villages, et divers groupes de figures. Un

ciel bien nuagé ajoute à l'effet de ce tableau, qui fait illusion.

Ce peintre habile a joint les inspirations d'effet qu'il avait puisées dans les ouvrages de Rembrand, à l'observation de la nature dans les campagnes de la Hollande; aussi l'aspect de ses tableaux est en même temps original et de la plus parfaite vérité.

L. 28 pouces. — H. 23 pouces. T.

LAAR (Pierre de) Surnommé Bamboche.
Né en 1613, mort en 1674.

87. Des chasseurs s'arrêtent, et semblent disposés à se rafraîchir près d'une espèce de cabaret situé dans des ruines écartées. Les plus marquants de la troupe sont à cheval, on remarque surtout un cavalier tenant son héron; les valets s'occupent de la meute. Les costumes pittoresques, contrastant avec le sauvage du site où cette scène est représentée, produisent un effet des plus piquants : on y reconnaît le génie singulier de Pierre de Laar, qui créa pour ainsi dire ce nouveau genre de peinture, genre qui fut depuis suivi avec tant de succès par les Wouwermans, Dujardin, Berghem, etc. Dans notre tableau on retrouve quelque chose de plus élevé pour ainsi dire que le sujet, ce que l'artiste a dû à son long séjour en Italie, et à ses

liaisons intimes avec le Poussin, et Claude Lorrain.*

L. 28 pouces. — H. 21 pouces. T.

LUCAS DE LEYDEN.
Né en 1494, mort en 1533.

88. Petit portrait d'homme à mi-corps. Son vêtement est noir; il est coiffé d'une toque à grands bords; il tient un cartouche où est représentée une tête de mort; on voit une pensée sur la balustrade auprès de laquelle est placée cette figure qui se détache sur un fond de paysage. La désignation que l'on donne du portrait de ce grand artiste, la tête de mort et la pensée, attributs de la mélancolie qui l'affectait peu de temps avant sa mort, nous portent à croire que ce portrait pourrait être le sien.

H. 10 pouces. — L. 8 pouces. B.

MAAS (Nicolas).
Né en 1632, mort en 1693.

89. Tableau remarquable par l'effet, et traité dans la manière de Rembrandt, offrant le sujet de l'Adoration des bergers : c'est pendant la nuit qu'ils se sont rendus à la crêche; les lumières qui les éclairent, la lune que l'on aperçoit dans le fond par une ouverture de porte, produisent un effet extraordinaire et

parfaitement contrasté. L'invention particulière au génie de cet artiste fait regretter que l'intérêt l'ait porté à abandonner la composition pour se livrer à peindre le portrait. C'est à cette circonstance que l'on doit attribuer la rareté de ses tableaux.

L. 31 pouces. — H. 22 pouces. B.

MENGS (Antoine Raphaël).
Né en 1728, mort en 1779.

90. Saint Paul représenté plus qu'à mi-corps, tenant l'épée et le livre; le geste de la main, l'expression de la figure indiquent que le peintre a représenté cet apôtre au moment de l'inspiration, quand il va annoncer la parole de Dieu. Raphaël Mengs doit une partie de sa célébrité à des ouvrages très estimés sur la peinture. Il vécut long-temps à Rome, où il est mort; ses productions en peinture sont rares: elles portent un caractère de noblesse où l'on reconnaît l'élévation et les belles formes que cet artiste a puisées dans les écoles d'Italie.

H. 18 pouces. — L. 14 pouces.

MEULEN (Van der).
Né en 1634, mort en 1690.

91. Combat de cavalerie dont les mouvements s'étendent jusqu'aux plans éloignés, mais dont l'action principale se passe près d'un bois et en

avant. La confusion d'une pareille scène est si parfaitement rendue, que l'on croit entendre le bruit des armes et les cris des mourants et des blessés. Les riches costumes à la Louis XIV ont donné l'occasion à l'artiste de développer son coloris brillant; il a su, sans refroidir son pinceau, en soigner les moindres détails; on voit enfin qu'il a voulu montrer dans cette production, toutes les ressources de son savoir et de son talent. *

L. 30 pouces. — H. 22 pouces et demi. T.

MICHAUD (Théobald).
Né en 1670.

92. Deux paysages ornés de figures. Dans l'un on voit une grande étendue de pays, coupée par des montagnes couvertes d'arbres et de fabriques; en avant on remarque une charrette et quelques voyageurs. L'autre offre un site du même genre, dont la partie du milieu est occupée par des pâtres qui conduisent leurs troupeaux, et par quelques autres figures.

L. 26 pouces. — H. 21 pouces. T.

MIREVELT.
Né en 1568, mort en 1642.

93. Portrait d'un guerrier vu en buste. Il est couvert d'une cuirasse damasquinée, et à riches dessins. Une fraise d'un blanc harmonieux

fait valoir les carnations. Ce tableau est d'une exécution parfaite, et frappant de vérité.

H. 24 pouces. — L. 20 pouces. T.

MOLENAERT (Corneille).
Né en 1540.

94. Paysage de la Hollande, représenté pendant l'hiver: au bord d'un canal glacé, où sont beaucoup de patineurs, on voit une hôtellerie de village en partie couverte de neige, près de laquelle sont réunis des paysans et des voyageurs. *

H. 14 pouces. — L. 12 pouces et demi. B.

MOLYN (Pierre).
Né en 1643.

95. La vue d'un pays plat en Hollande; on y remarque un chemin qui conduit à une ville. Ce tableau est animé par quelques figures.

L. 13 pouces. — H. 10 pouces et demi. B.

MORO (Antoine).
Né en 1512, mort en 1568.

96. Petit portrait d'homme. Il tient un papier, mais semble distrait de sa lecture, et tourne la tête vers le spectateur.

Une vérité frappante et un fini précieux sont les qualités qui élevèrent à un si haut degré cet artiste célèbre; il se vit protégé et recherché d'abord par le cardinal Granvelle, ensuite par Charles V, le roi Jean de Portugal, la reine Marie d'Angleterre, et enfin le roi d'Espagne, dont la familiarité pensa lui devenir fatale.

H. 6 pouces. — L. 4 pouces et demi. C.

NEEFS (Peeter).
Né vers 1570.

97. Deux précieux tableaux représentant des intérieurs d'église, l'un pendant le jour, l'autre éclairé par diverses lumières. Dans celui-ci on remarque une femme qui revient de porter un nouveau-né au baptême; elle est accompagnée de deux pages qui tiennent des flambeaux, et d'autres personnages. Dans l'autre on remarque, parmi plusieurs groupes, celui de diverses personnes assistant à la célébration de la messe.

L. 6 pouces. — H. 4 pouces trois quarts. Forme ovale.

NEER (Art van der).
Né en 1619, mort en 1683.

98. Paysage de la Hollande, à l'effet du clair de lune. La partie principale du site est un village situé au bord d'une large rivière qui se prolonge jusqu'à l'horizon, où l'on voit la lune se lever. Des arbres qui garnissent la droite et la gauche forment un effet d'optique qui, secondé par la perspective aérienne,

ajoute à l'illusion parfaite de ce point de vue. Quelques figures et animaux que l'on aperçoit près des habitations, des pêcheurs dans leurs barques, donnent du mouvement à ce tableau, dont le mérite remarquable justifie les grands prix auxquels on a vu porter certains ouvrages du même artiste. Sans être absolument en première ligne, Van der Neer est inimitable dans son genre particulier.*

L. 26 pouces et demi. — H. 17 pouces et demi. B.

OSTADE (Adrien Van).
Né en 1610, mort en 1685.

99* Si l'on a pu quelquefois donner le nom de diamant à certains tableaux de genre de l'école hollandaise, cette expression peut sans contredit s'appliquer aux deux tableaux que nous allons décrire. Dans l'un on voit une jeune femme hollandaise assise près d'une croisée à petits carreaux, qui laisse apercevoir des feuillages et la campagne ; une de ses mains est négligemment placée sur le dossier de sa chaise, et de l'autre elle prend sur sa table un verre de bière. Sa tête, ajustée d'une coiffe blanche, parfaitement éclairée et de trois quarts, se détache sur un fond harmonieux : une camisolle rouge, un corset noir et un tablier grisâtre produisent un effet heureux qui fait valoir les chairs. Dans l'autre on voit un paysan d'une physionomie gaie et spirituelle, assis près de sa table et bourrant sa pipe; une fraise blanche et un chapeau noir font valoir son teint animé. Sa veste d'un violet foncé, et son manteau gris, se détachent parfaitement sur un fond de muraille d'un ton chaud et harmonieux.

H. 10 pouces. — L. 8 pouces et demi. B.

PAR LE MÊME.

100. Un tableau aussi parfait dans un genre différent : il représente la cour d'une maison de la Hollande. Près de la pompe on voit deux poissons qui viennent d'être préparés sur un grand plat de terre; d'autres poissons, sur une planche placée en travers d'un seau, attendent la même opération. Autour d'une croisée à petits carreaux, ombragée par un auvent en bois, on voit une vigne grimpante, et en dessous une vieille couverture sur un baquet. Les détails que nous venons de décrire, et quelques autres dont la désignation deviendrait fastidieuse, sont exécutés avec une perfection qui leur mérite à chacun une attention particulière. La perfection de l'exécution fait oublier le peu d'intérêt de l'objet représenté. S'il y a peu d'invention dans la composition de ce tableau, il brille du moins par le génie de la couleur et de l'effet.

Les tons des terrains et des murailles ont la vigueur des productions de Rembrandt; enfin l'on peut croire que si ce tableau était grand comme nature, il ferait absolument illusion dans toute l'étendue du terme.

H. 16 pouces. — L. 13 pouces. B.

PAR LE MÊME.

101. Ici c'est la basse-cour d'une ferme. Une paysanne y est occupée à récurer son chaudron, son enfant la regarde; un coq et ses poules becquetent autour d'elle. Plus loin on remarque un homme près de sa brouette. Les habitations, partie en briques et en bois, partie recouvertes de chaume, produisent des effets heureux et variés. Un fond d'arbres qui se détachent sur un ciel clair terminent la composition.

Cette étude a le séduisant d'une chose rendue d'inspiration, d'après nature.

L. 13 pouces et demi. — H. 10 pouces et demi. Papier sur toile.

POEL (Van der).

102. L'intérieur d'une basse-cour hollandaise. Dans la demi-teinte, et dans le fond, on aperçoit une femme occupée près d'un baquet aux soins de son ménage, et entourée de poules,

de coqs et des divers ustensiles et accessoires de basse-cour. On remarque aussi un jeune garçon qui sort de la maison, et s'apprête à descendre un escalier rustique. Un coup de soleil habilement ménagé sur un mur blanc et sur les devants fait ressortir l'harmonie de la demi-teinte générale du tableau. Il est piquant d'effet, et des meilleurs du maître.

H. 24 pouces. — L. 21 pouces. B.

PORBUS (François).
Né en 1570, mort en 1622.

103. Petit portrait intéressant du célèbre jurisconsulte Cujas, son ajustement est noir, il est vu en buste.

H. 3 pouces et demi. — L. 3 pouces. B.

REMBRANDT (Van Ryn).
Né en 1606, mort en 1674.

104. Jésus au jardin des Oliviers, lorsqu'il retourne pour la troisième fois à la prière, et qu'il vient un ange pour le fortifier, tandis que ses disciples se sont endormis de nouveau. Le groupe principal de Jésus et de l'ange est seul frappé d'une lumière qui lui laisse pourtant le vague et la légèreté d'une apparition; la pose du Christ rend parfaitement l'agonie où il était. Le groupe des disciples, et tout le reste

du tableau est dans une demi-teinte dégradée qui ne laisse qu'entrevoir les objets, et fait valoir la lumière répandue sur le groupe principal. Ce tableau, extraordinaire dans sa conception et dans son effet, appartient tout entier au génie de Rembrandt. On peut dire qu'il a porté au plus haut point dans cette production la magie du coloris et de l'effet. Le pinceau, qui est fin et suave, est entièrement d'accord avec la manière dont le sujet a été conçu.

L. 15 pouces. — H. 13 pouces. B.

PAR LE MÊME.

105. Un portrait d'homme. La tête est coiffée de cheveux longs et d'une toque ; la main, ainsi que tout l'ajustement, est dans une demi-teinte harmonieuse et dégradée qui fait valoir le ton doré et lumineux de la figure. Ce tableau, de la troisième manière du maître, est plein d'harmonie, mais peint avec ces touches larges et fortes, qui paraîtraient négligées si on les examinait de près, tandis qu'à la distance convenable elles paraissent fondues comme celles des ouvrages les plus soignés.

H. 27 pouces. — L. 25 pouces, T.

ROOS, dit DE TIVOLI (Philippe).
Né à Francfort, en 1655, mort en 1705. École allemande.

106. Un paysage d'un site agreste, au milieu duquel on remarque une cascade entre des rochers. En avant on voit un pâtre et deux chèvres.

H. 30 pouces. — L. 23 pouces. T.

PAR LE MÊME.

107. Un jeune pâtre gardant un troupeau de chèvres. Ce groupe se détache sur un fond de montagnes où l'on aperçoit quelques ruines.

L. 35 pouces et demi. — H. 25 pouces et demi. T.

ROTTENHAMER (Jean).
Né en 1566, mort en 1604.

108. Un missel renfermant huit tableaux représentant des sujets de l'ancien et du nouveau Testament. Les sujets sont : Adam et Ève séduits par le serpent; le Père éternel leur reprochant leur faute; la crèche; Jésus baptisé par saint Jean; la Cène; le Christ en croix; la résurrection; Jésus dans sa gloire, foulant aux pieds le serpent.

Ce morceau précieux a fait partie de l'oratoire d'un Pape; on a présumé qu'il avait été peint par un élève de Raphaël : nous y avons retrouvé plutôt le pinceau et le goût de dessin de Rottenhamer. Ce peintre passa une grande partie de sa vie en Italie, et fut plus élégant et plus gracieux que la plupart des peintres allemands; mais il conserva toujours un reste du goût de sa nation. Ce missel doit être considéré comme un morceau non-seulement curieux par son origine, mais aussi très remarquable par la perfection des peintures.

Chaque tableau a 9 pouces sur 6 et quart. B.

PAR LE MÊME.

109. La Vierge présente l'enfant Jésus au petit saint Jean, qui lui offre une grenadille, symbole mystérieux de la passion. Ce tableau est très gracieux, comme sont en général tous les ouvrages de ce peintre ; il peut être considéré comme une de ses meilleures productions.

H. 7 pouces. — L. 5 pouces. C.

RUBENS (Pierre-Paul).
Né en 1577, mort en 1640.

110. Le portrait du duc Albert d'Autriche, gouverneur des Pays-Bas. Sa tête, coiffée de che-

veux blonds, et couverte d'un chapeau à larges bords, est d'une grande fraîcheur de carnation ; l'ajustement est une cuirasse avec une écharpe rouge.

Ce prince, protecteur des arts et des artistes, et particulièrement de Rubens et de Téniers, est le premier qui ait réuni un grand cabinet de tableaux où chaque école ait été classée avec ordre. On voit à la perfection de ce portrait, que Rubens y avait mis tous ses soins, et quelle importance il avait attaché à sa réussite.

H. 25 pouces. — L. 20 pouces. T.

PAR LE MÊME.

111. Antiochus Épiphanes, après avoir pris Jérusalem et profané le temple, est présent au martyre des Machabées. Le persécuteur des Juifs est monté sur un magnifique cheval blanc, et entouré de ses soldats. En opposition, on voit la mère des Machabées qui, après avoir assisté au triomphe de ses enfants, s'apprête à mourir avec la constance qu'elle leur a inspirée ; elle est déjà renversée, mais sa vue est fixée sur une gloire d'anges qui lui montrent la croix et les instruments de la passion. Cette esquisse est pleine de verve et de mouvement, brillante dans toutes ses parties, et riche d'expressions. *

L. 24 pouces et demi.— H. 18 pouces. B.

RUBENS.

112. Esquisse représentant une chasse aux lions et aux tigres. Trois cavaliers, assaillis par deux lions, secourent un des leurs renversé. Cette esquisse, d'une couleur forte et brillante, offre la même composition qu'un des dessins de la collection du Musée royal.

L. 23 pouces. — H. 16 pouces. T.

PAR LE MÊME.

113. Précieuse et savante esquisse d'un portrait d'homme, en buste, ajusté d'un manteau noirâtre et d'un large collet blanc, qui accompagne parfaitement les tons brillants de la figure. Ce morceau, où tout décèle le grand maître, est une belle leçon de peinture.

H. 11 pouces. — L. 9 pouces. B.

RUYSDAEL (Jacques).
Né vers 1540, mort en 1681.

114. Un paysage agreste dont l'aspect mélancolique porte à la rêverie. L'effet indique la fin de la journée; une large nappe d'eau vient tomber en cascade, en se brisant au milieu de rochers couverts de broussailles; sur des monticules, on aperçoit un pâtre et quelques moutons qui se détachent sur le massif d'un bois; on

remarque aussi une cabane rustique et quelques fabriques. Plus loin, et du côté opposé, on distingue, derrière des bouquets d'arbres, les monuments les plus élevés d'une ville, des moulins, et enfin vers l'horizon, des montagnes qui se joignent à un ciel nuageux.

Ruysdaël est du petit nombre des paysagistes qui n'ont pas perdu à ne pas savoir faire les figures ; ici on n'en désire pas d'autres que celles qui sont indiquées dans l'éloignement, elles troubleraient le recueillement qu'inspire le site et qui en est un des charmes. Joseph Vernet, qui eut occasion d'admirer ce chef-d'œuvre, disait qu'il lui semblait entendre le murmure des eaux. Ce paysage était le tableau de prédilection de M. Denon. Les offres considérables qu'on lui faisait souvent pour l'engager à s'en détacher, ne purent jamais le tenter. Amateur parfait et passionné, rien n'aurait pu remplacer pour lui la jouissance de l'ensemble de son cabinet.*

L. 52 pouces et demi. — H. 32 pouces et demi. T.

PAR LE MÊME.

115. Un tableau très agréable et piquant d'effet: la plus grande partie est occupée par l'entrée d'une forêt et par le chemin tournant qui y conduit ; l'autre partie offre un lointain et

quelques fabriques. On aperçoit en avant dans la demi-teinte, plusieurs figures et des mares d'eau bordées d'herbes. Des échos de lumière produits par le soleil, et qui brillent au milieu des branches d'arbres, donnent un effet piquant et varié à ce tableau. Il porte la signature d'Hobbema, mais nous y retrouvons plutôt la finesse des productions de J. Ruysdaël, que le faire large d'Hobbema.

L. 24 pouces. — H. 19 pouces. T.

RUYSDAEL (Salomon).
Né vers 1615, mort en 1670.

116. Un paysage éclairé par un ciel d'un effet piquant. Les devants, les seconds plans et les fonds sont occupés par des masses d'arbres, au milieu desquels, on aperçoit une fabrique ruinée; on remarque aussi, sur différents plans, des pâtres conduisant leurs troupeaux et divers groupes de voyageurs.

L. 22 pouces. — H. 19 pouces B.

SEIBOLDT (Chrétien).
Né en 1697, mort en 1768.

117. Le portrait du peintre vu de face et regardant fixement le spectateur : morceau d'un caractère singulier. On voit aussi au Musée royal, un

portrait du même artiste, mais il diffère de celui-ci par la pose et l'ajustement. Les productions de Seiboldt, sont fort rares, surtout hors de sa patrie.

H. 17 pouces. — L. 14 pouces. T.

STEEN (Jean).
Né en 1636, mort en 1689.

118. Un jeune écolier épuçant son chien. Ce petit tableau, plein de vérité, semble fait à l'inspiration d'un ouvrage de Murillos, tant il est chaud de ton et fort d'effet; la finesse du pinceau l'avait fait considérer comme une production de Gerard Dow.

H. 6 pouces. — L. 5 pouces. Forme ovale. B.

TENIERS le jeune (David).
Né en 1610, mort en 1694.

119. Un pâtre ayant près de lui son chien et debout dans un paysage champêtre, garde sa vache et ses moutons que l'on voit à côté de deux saules. Dans l'éloignement on aperçoit, au bord d'une rivière, l'indication du village de Perck, entre Anvers et Malines, où était situé le château de Téniers, habitation qu'il rendit célèbre. Ce grand peintre a dû sa perfection aux études constantes qu'il fit d'après

les tableaux d'histoire des grands maîtres d'Italie et de Flandre ; on sait à quel point il embarrassait les connaisseurs par ses pastiches dans le goût de Paul Véronèse, Tintoret, Bassan et Rubens ; c'est aussi à ces études qu'il dut la variété de ses compositions. Les six tableaux qui ornent cette collection, tous différents de style et de touche, en sont une preuve évidente. Celui-ci est d'une dimension de figures qu'il a rarement dépassée; il brille par une touche ferme et savante, et par le ton blond et argentin qui distingue ses meilleures productions. *

L. 30 pouces. — H. 28 pouces et demi. T.

PAR LE MÊME.

120. Sur un monticule près d'une habitation rustique, un villageois est assis et garde un nombreux troupeau de cochons. Tel est le sujet simple de ce tableau, dont l'exécution facile et brillante fait pourtant un objet remarquable et un modèle en peinture; la touche et la transparence des tons rappellent le genre d'exécution de la fête flamande de Rubens, ce qui a fait présumer que les animaux étaient de la main de ce grand maître.

L. 13 pouces un quart. — H. 12 pouces. B.

PAR LE MÊME.

121. Une campagne éclairée en partie par le soleil, qui perce des nuages épais dont l'approche menace d'un orage : on y voit, près de leurs maisons, des paysans jouant aux quilles; plus loin, on aperçoit l'indication d'un village et quelques promeneurs. Ce tableau, d'un caractère et d'un effet qui tiennent presque du genre historique, a été souvent admiré par les peintres d'histoire : c'était aussi un de ceux que M. Denon préférait.

L. 12 pouces et demi. — H. 9 pouces. B.

PAR LE MÊME.

122. La vue d'un village, dont le presbytère s'élève au milieu de la composition. Sur la place de ce village, on remarque des habitants qui, après avoir delibéré, ont député un des leurs au curé qui traverse la place; le paysan l'aborde avec respect, le prêtre l'écoute avec gravité. Dans ce joli tableau, on est attaché par l'expression, que l'on peut voir dans les figures malgré leur petitesse : l'harmonie générale de ses tons argentins, la vérité du ciel, donnent à cette composition un aspect de nature qui fait oublier l'art du peintre.*

L. 16 pouces. — H. 11 pouces. Toile marouflée.

PAR LE MÊME.

123. Petit portrait d'un homme vu jusqu'aux genoux : il est vêtu de noir et tient un papier à la main ; la tête, touchée avec un art et une facilité extraordinaires, se détache sur un fond clair. On peut considérer ce tableau comme une pastiche faite à l'imitation d'un portrait du Titien. *

H. 6 pouces. — L. 4 pouces et demi. B.

PAR LE MÊME.

124. Sur un monticule, couvert de gazon, au-delà duquel, on aperçoit quelques arbres et des fabriques, un paysan mène devant lui un troupeau de cinq ânes. Cette étude qui paraît avoir été peinte d'après nature, se recommande par sa vérité parfaite.

H. 12 pouces — L. 9 pouces et demi.. B.

VELDE (Adrien van den).
Né en 1639, mort en 1672.

125. Dans une prairie réchauffée par le soleil qui perce des nuages sombres, on voit près d'un arbre, une laitière hollandaise occupée à traire ses vaches. Ce précieux tableau, de la meilleure manière du maître, peut être considéré comme un échantillon parfait où brille tout le talent du peintre ; il y règne un flou et une couleur excellente, joints à un effet ingénieuse-

ment saisi dans la nature; c'est sur tout dans ces parties de son talent que van den Velde n'a jamais été surpassé.

H. 8 pouces et demi. — L. 7 pouces B.

VELDE (Guillaume van den).
Né en 1633, *mort en* 1707.

126. Deux marines: dans l'une et dans l'autre, on voit nombre de bâtiments marchands et des barques, quelques-uns dans les lagunes d'une plage, d'autres à voiles déployées. Les devants sont garnis de marins et de pêcheurs qui donnent de la vie à ces points de vue, et les fonds offrent la pleine mer qui se joint à des ciels bien nuagés. On trouve dans ces deux tableaux, la vérité des reflets dans l'eau, la précision dans les cordages, et les effets piquants qui ont fait regarder Guillaume van den Velde comme un des plus grands peintres de marines. Ses tableaux rares, et toujours recherchés, font l'ornement des cabinets les plus curieux. *

L. 12 pouces. — H. 9 pouces. Toile marouflée.

VERBECQ (Pierre).

127. Sur un chemin isolé près d'une montagne, on voit un jeune garçon s'apprêtant à monter sur l'un des deux chevaux qu'il conduit. Ce petit tableau plein de vérité est traité

dans le style et la manière de Ph. Wouwermans. *

H. 10 pouces. — L. 7 pouces. et demi. B.

VLEUGHEL (le chevalier).
Né en 1669, mort en 1737.

128. Composition spirituelle tirée du conte du bât de La Fontaine; elle est traitée en esquisse, touchée avec facilité et d'une couleur agréable.

H. 8 pouces et demi. — L. 6 pouces. B.

VLIEGER (Simon de).

129. Une marine par un beau temps; parmi plusieurs navires et barques qui occupent différents plans, on remarque un canot chargé de passagers. Les tons sont clairs, et l'harmonie parfaite. Pour donner une idée du talent et du savoir de Vlieger, il suffit de dire que ce fut lui qui forma Guillaume Vandenvelde.

L. 17 pouces. — H. 14 pouces et demi.

WOUWERMANS (Philippe).
Né en 1620, mort en 1668.

130. Précieux échantillon de la meilleure manière du maître, quoique dans un genre qui lui est peu familier; il représente une marine: les eaux

sont agitées par un gros temps; on aperçoit quelques navires, des barques, et en avant des rochers qui s'élèvent au-dessus des vagues ; le ciel heureusement nuagé et brillant, donne l'effet le plus piquant à ce tableau, que les plus habiles peintres de marine n'auraient pas désavoué.

L. 8 pouces. — H. 6 pouces. B.

Monogramme VE. HP.

131. Tableau très fin d'exécution, offrant d'un côté le Vésuve, et de l'autre la mer jusqu'à l'horizon; en avant, on voit plusieurs barques à voiles, et sur le rivage, des marins chargeant des marchandises sur une charrette, d'autres vidant les barques, et un douanier les inscrivant. Le mérite de cette production fait regretter de n'en pas connaître l'auteur.

L. 37 pouces. — H. 23 pouces. T.

INCONNU.

132. Un tableau où domine l'effet de l'architecture, quoique les figures y soient composées et exécutées avec soin. Le peintre a représenté la dédicace du temple de Salomon; on y remarque la reine de Saba. Ce tableau, quoique dans un genre tout différent du précédent, semble avoir été destiné à lui servir de pen-

dant; il est aussi d'un pinceau très fin et bien coloré, on y trouve quelques rapports avec la touche et la couleur de Diétrick.

L. 35 pouces. — H. 22 pouces. B.

ANCIENNE ÉCOLE ALLEMANDE.

133. Plusieurs traits de la légende de sainte Catherine; on y voit le moment où elle dispute, à l'âge de dix-huit ans, contre les philosophes; elle est mise en prison; elle est décapitée; elle est ensevelie; elle apparaît; enfin elle assiste avec sainte Thérèse au triomphe d'un martyr.

H. 26 pouces. — L. 19 pouces. T.

MÊME ÉCOLE.

134. Un chimiste assis près de son fourneau et distrait par deux femmes et un enfant.

H. 14 pouces. — L. 11 pouces. B.

MÊME ÉCOLE.

135. Deux portraits en buste, et fort anciens, des Rois de France Louis XI et François Ier.

H. 11 pouces. — L. 8 pouces. B.

INCONNU.

136. Petit portrait de femme d'après Vandyck.

H. 2 pouces et demi. — L. 2 pouces. C.

137. Petit portrait d'homme en buste, portant la date de 1643.

H. 2 pouces un quart. — L. 2 pouces. C. Forme ovale.

TABLEAUX DE L'ÉCOLE FRANÇAISE. *

BOUCHER (François).
Né en 1704, mort en 1770.

138. Un paysage sur le devant duquel est une masse d'arbres élevés, qui fait valoir le ton vaporeux d'un lointain de montagnes. On remarque plusieurs groupes de figures, et surtout en avant un voyageur donnant la main à une jeune femme accompagnée de sa fille et suivie d'un troupeau de chèvres et de moutons.

L. 49 pouces. — H. 36 pouces. T.

BOURDON (Sébastien).
Né en 1616, mort en 1671.

139. L'Ascension de la Vierge : largement enveloppée d'une draperie blanche, les regards élevés au ciel, elle est soutenue par les anges : on voit, à quelque chose de divin qui brille en elle, qu'elle quitte la terre pour la vie éternelle. Près de son tombeau, les apôtres expriment les

---

* Les Tableaux des artistes vivants forment une section qui suit immédiatement celle-ci.

divers sentiments de respect, d'admiration, de surprise et de joie qui les transportent. Les mouvements, les airs de têtes, les ajustements sont si heureusement variés, que ce tableau, quoique peu terminé, attire et captive l'attention. Dans cette production, Bourdon a prouvé qu'il devoit être placé à côté des plus grands peintres d'histoire de l'École française.

H. 20 pouces. — L. 14 pouces. T.

PAR LE MÊME.

140. La Sainte famille, représentée dans un paysage et formant un groupe heureux par ses lignes et son effet. On y voit le petit saint Jean présentant deux colombes à l'enfant Jésus, que la Vierge tient sur ses genoux. Ce précieux tableau est d'une finesse d'exécution qui peu rivaliser avec celles des productions les plus soignées de l'École hollandaise; il a de plus l'élévation de style que demandait un pareil sujet.*

L. 6 pouces. — H. 4 pouces et demi. C.

PAR LE MÊME.

141. Molière, la plume à la main et réfléchissant : au milieu des volumes qui couvrent sa table, on remarque les comédies de Térence; parmi le petit nombre de portraits qui existent de cet homme célèbre, celui-ci se distingue par l'exé-

cution, un excellent coloris, et surtout par une expression vive et prononcée, qui porte à en croire la ressemblance parfaite. *

H. 29 pouces. — L. 24 pouces. T.

BRUN (Charles le).
Né en 1619, mort en 1690.

142. Le Christ descendu de la croix, entouré des saintes femmes éplorées. On remarque surtout la Sainte-Vierge qui, à genoux et les yeux vers le ciel, exprime sa douleur. Plus loin, on voit saint Jean et Joseph d'Arimathie, et enfin, dans l'éloignement, plusieurs disciples. Un fond mystérieux et du plus grand caractère, où on aperçoit la ville de Jérusalem, fait valoir le groupe du premier plan ; on y admire des attitudes nobles et bien contrastées, sans être forcées, et une vigueur de coloris convenable au sujet, et qu'on ne trouve pas dans tous les ouvrages de cet artiste justement célèbre, surtout par l'étendue de son génie.*

H. 45 pouces et demi. — L. 36 pouces. T.

CALLOT (Jacques).
Né en 1592, mort en 1635.

143. Précieux tableau représentant le portement de croix. La composition, très riche, est traitée avec le plus grand soin, sur un fond de *lapis*. Elle est gravée par lui-même dans son œuvre.

5.

Les mouvements et les expressions des figures sont rendus avec une précision parfaite, qui rappelle ses eaux fortes inimitables : en examinant ce tableau avec soin, on y voit, dans une très petite dimension, des beautés dignes du Carrache, du Tintoret et des grands peintres d'Italie. Les tableaux de Callot sont de toute rareté. Il mourut jeune, et son œuvre, d'environ seize cents pièces, ne lui laissa que bien peu de moments pour s'occuper de la peinture.

L. 4 pouces un quart. — H. 32 pouces un quart. Sur lapis.

CHARDIN (Jean-Baptiste-Siméon).
Né en 1699, mort en 1780.

144. Portrait, présumé celui de Madame Geoffrin, représentée en pied et dans un appartement d'une simplicité élégante. Elle est assise devant son métier à broder; pour se distraire, elle s'amuse à instruire son serin. Ce tableau est gravé et peut passer pour une des meilleures productions du peintre : il joint à la naïveté de la composition une vérité et une harmonie d'effet dignes des meilleurs coloristes.

Hauteur 18 pouces et demi.—L. 16 pouces. T.

PAR LE MÊME.

145. Une gouvernante, debout devant une table,

sert la soupe à deux jeunes enfants qui disent leur *benedicite*. Quelques meubles simples et divers acessoires donnent de la variété à la composition, qui est pleine de naïveté. Ce tableau est peint dans une harmonie généralement claire, parfaitement dégradée.

H. 18 pouces. — L. 15 pouces. T.

CLOUET (François, dit Janet).
Vivait en 1547.

146. Un petit portrait, en pied, de Charles IX, roi de France. Une de ses mains est posée sur la garde de son épée, et l'autre sur le dossier d'un fauteuil; sa tête est couverte d'une toque surmontée d'une plume. La finesse du pinceau est poussée au plus haut point dans tous les riches détails qui ornent le costume. La figure se détache sur un fond en partie caché par des rideaux de soie verte.

H. 11 pouces et demi. — L. 6 pouces. B.

PAR LE MÊME.

147. Portrait de Charles de Launoy, vice-roi et lieutenant-général des armées de l'empereur Charles V, pour le royaume de Naples. Ce petit portrait, de trois quarts, et plus qu'en buste, est d'une vérité remarquable.

H. 27 pouces — L. 6 pouces. B.

CORNEILLE (Claude), de Lyon.
Vivait dans le seizième siècle.

148. Portrait de Daniel du Moustier, peintre de portraits, et statuaire, qui fut protégé par Henri IV.

H. 6 pouces. — L. 5 pouces. B.

COUSIN (Jean).
Était fort avancé en âge en 1589.

149. Deux tableaux rares et curieux représentant des scènes du Jugement dernier. Dans l'un, on voit le Christ dans sa gloire, entouré des saints, des martyrs et des anges, qui font entendre les trompettes du jugement dernier. Dans le second, le peintre a représenté les réprouvés livrés aux tourments de l'enfer. Jean Cousin, habile peintre et habile sculpteur, est le premier artiste français qui se soit distingué dans le genre historique. Ses tableaux et ses statues sont fort rares, parce qu'il sacrifia une partie de son temps à des livres de théorie sur les arts, livres fort estimés. *

H. 12 pouces et demi. — L. 8 pouces. C.

DENON (Dominique Vivant).
Né en 1747, mort en 1825.

150. Copie d'après le portrait de N. Rockox, peint par Rubens. Ce portrait, le seul essai de M. Denon, dans ce genre, est d'une couleur et d'une

exactitude qui prouvent qu'il aurait obtenu des succès brillants dans la peinture à l'huile, si son penchant naturel pour la gravure à l'eauforte ne l'eût entraîné vers un art où il a montré un rare talent, et où, malgré les emplois honorables, les voyages et les occupations variées qui ont rempli une grande partie de sa vie, il a produit nombre de pièces très remarquables.

H. 8 pouces. — L. 6 pouces. B.

DROLLING (Martin).
Né en 1752, mort en 1817.

151. Dans une habitation modeste, un vieillard, assis sur son séant, et entouré de ses enfants, lit avec joie une lettre à laquelle prend part toute sa famille; une de ses filles surtout est vivement touchée et rend grâces au ciel. Le messager, assis près du lit, a l'air heureux d'avoir apporté une bonne nouvelle. Tous les détails et les accessoires de mobilier et de ménage, que le peintre a distribués sans confusion, sont touchés avec esprit et donnent un ensemble parfait à la composition. Sous tous les rapports, ce tableau devra être compté au nombre des bonnes productions de Drolling. *

L. 14 pouces. — H. 12 pouces. T.

PAR LE MÊME.

152. Deux tableaux dont les sujets se suivent. Dans

le premier, on voit la marche d'une noce de village, en France. Dans le second, les mariés et leurs amis se livrent au plaisir de la walse, sur la place du village, On aime à voir dans ces tableaux, le ton clair et agréable saisi sur la nature, ainsi que le fini et la précision du ceau particuliers à ce peintre.

L. 12 pouces. — H. 8 pouces. T.

FRAGONARD (Jean-Honoré).
Né en 1731, mort en 1806.

153. Tableau gravé sous le titre du Sacrifice de la rose. L'amour a entraîné près de l'autel de Vénus une jeune fille qui vient d'y faire le sacrifice de sa rose; d'autres amours et des zéphirs entourent le groupe principal et enrichissent la composition. Cette production, des plus terminées de cet artiste, joint à un dessin agréable, le charme de la couleur et de l'effet.

H. 19 pouces. — L. 15 pouces. B.

PAR LE MÊME.

154. Une esquisse d'un ton chaud et doré, et touchée très facilement, représentant un lion en repos.

H. 37 pouces et demi. — L. 29 pouces et demi. T.

GELÉE (Claude), dit le Lorrain.
Né en 1600, mort en 1682.

155. Un Paysage d'un style à la fois noble et pastoral. Les devants et les seconds plans sont gar-

nis de masses d'arbres élevés, qui répandent une demi-teinte large sur une grande partie de la composition; dans l'éloignement, on aperçoit la mer et quelques côtes éclairées par le soleil, qui descend vers l'horizon. En avant, des pâtres et leurs compagnes se reposent en veillant à leurs troupeaux, et écoutent la flûte d'un berger; ces figures sont groupées près d'une fontaine et de divers débris de monuments; plus loin, un pont et quelques fabriques complètent parfaitement la composition. Le ciel, les fonds et les seconds plans ont cette harmonie et cette vapeur que Claude a su rendre si bien, et qui n'ont jamais été imitées qu'imparfaitement; mais les premiers plans tiennent encore de la manière que Claude avait d'abord pris de Tassi, son maître. Les figures, qui peuvent avoir été disposées par Ph. Lauri, ont sûrement été harmonisées et retouchées par Claude.

Quand on présente une production du premier paysagiste du monde, et surtout une composition aussi capitale que l'est celle-ci, on se croit obligé à l'examen le plus sévère et le plus réfléchi. C'est après avoir pris ce soin que nous avons confirmé l'attribution de ce beau paysage. Comme il arrive souvent que les connoisseurs soient peu d'accord sur les tableaux de ce maître, nous n'avons pas la prétention que notre opinion à cet égard ne trouve aucune opposition, mais nous avons l'avantage de l'avoir vue partagée par des juges éclairés, et d'être d'accord avec les idées de M. Denon.

L. 54 pouces. — H. 42 pouces. T.

GREUZE (Jean-Baptiste).
Né en 1734, mort en 1807.

156. Portrait de M. Denon : il est vu en buste et tenant une médaille. Ce portrait est plus remarquable par le charme du pinceau et de la couleur que par la ressemblance.

H. 23 pouces. — L. 18 pouces. B.

PAR LE MÊME.

157. Morceau très agréable et fin d'exécution, représentant une jeune fille vue en buste, la tête légèrement inclinée vers l'épaule droite ; ses cheveux châtains sont noués avec un ruban rose, et sa poitrine est en partie couverte d'un fichu de gaze blanche.

H. 16 pouces et demi. — L. 13 pouces et demi. T. Forme ovale.

PAR LE MÊME.

158. Étude non terminée, d'après une jeune femme blonde, coiffée de longs cheveux bouclés. Une étude qui laisse voir la manière dont Greuze disposait ses tons, ne peut manquer d'intéresser les artistes.

H. 16 pouces. — L. 13 pouces. T. ovale.

HALLÉ (Claude-Gui).
Né en 1651, mort en 1736.

159. Près de saint Joseph, couché et endormi, on voit la Vierge tendant les bras à l'enfant Jésus, qui court vers elle. Ce petit tableau est touché avec la facilité qui est le principal mérite des peintres de ce temps. *

L. 7 pouces. — H. 5 pouces un quart. T.

HUE (J.-F.).
Né en 1750, mort il y a quelques années.

160. Une vue de Naples, prise du côté du port, et éclairée par le soleil, dont la réverbération frappe les vagues de la mer. Vers les plans éloignés, on aperçoit la jetée, le phare et les mâtures des vaisseaux. Des débris de colonnes, plusieurs figures, et quelques barques garnissent les premiers plans. Ce tableau est composé et exécuté dans la manière de Claude le Lorrain.

L. 29 pouces. — H. 23 pouces. T.

PAR LE MÊME.

161. Un site d'Italie, riche par ses plans variés et ses détails ; il est éclairé par le soleil, qui descend vers l'horison. En avant, près de l'ombrage d'arbres élevés, on voit des pâtres se livrant au plaisir de la danse, et, plus loin, une villageoise sur son âne, traversant un pont

rustique. L'effet et la couleur rappellent les ouvrages de Claude le Lorrain.

L. 16 pouces et demi. —H. 13 pouces et demi. T.

PAR LE MÊME.

162. Dans un paysage dont une partie est occupée par quelques fabriques situées sur des montagnes et des rochers, et dont l'autre présente une rivière qui se prolonge jusque vers les fonds, on voit en avant une jeune villageoise assise sur son âne et précédée de son troupeau, et à côté d'elle un paysan jouant de la flûte.

L. 18 pouces. — H. 10 pouces et demi. T.

PAR LE MÊME.

163. Un clair de lune. A droite et à gauche d'un port de mer, on voit des fortifications, plusieurs barques, et, dans l'éloignement, la pleine mer couverte de bâtiments. En avant, parmi plusieurs figures, on remarque un groupe de femmes et de pêcheurs près du feu qu'ils viennent d'allumer.

L. 16 pouces — H. 13 pouces. T.

LARGILLÈRE (Nicolas de).
Né en 1656, mort en 1746.

164. Quatre musiciens, parmi lesquels se trouve Labare, excellent joueur de flûte traversière, exécutent les sonates de cet auteur : ils sont groupés sous un vestibule à colonnes; les uns

jouent de la flûte, un autre tient une basse. Plus loin, un personnage, que l'on présume être le peintre, les écoute. La qualité du premier peintre de portraits de son temps ne peut être contestée à Largillère que par le seul Rigaud, avec qui il vécut, malgré cette rivalité, dans une union constante. Dans ce tableau, si on ne retrouve pas la vigueur de ton et la force du pinceau de Rigaud, on trouve une simplicité d'exécution et une vérité de couleur qui produisent l'effet de la nature sans oppositions de convention.

H. 60 pouces. — L. 48 pouces. T.

PAR LE MÊME.

165. Le portrait de Boursault, vue en buste, la tête de face. L'ajustement, d'un ton riche, fait parfaitement valoir sa physionomie animée.

H. 28 pouces. — L. 22 pouces. T. de forme ovale.

LÉPICIÉ.

166. Deux petits tableaux, fins d'exécution et de couleur. L'un offre une vieille femme apprenant à lire à une jeune fille; l'autre une jeune femme allaitant son enfant.

H. 5 pouces. — L. 3 pouces et demi. B.

LOO (César van).
Mort il y a quelques années.

167. Paysage très pittoresque couvert de neige; on

y remarque un pont rustique sur un torrent, et diverses fabriques bâties sur des rochers. Des fonds de montagnes blanchies par la neige, qui se détachent sur le ciel nébuleux de la saison, terminent la composition. Les effets extraordinaires du site et les accidents de lumière sont rendus avec infiniment de vérité.

L. 20 pouces. — H. 13 pouces.

MIGNARD (Nicolas).
Né vers 1608, mort en 1668.

168. Le portrait de Thomas Corneille, représenté en buste et de trois quarts. L'ajustement noir fait valoir la fraîcheur du coloris. Ce portrait a un caractère de vérité remarquable, qui ne peut laisser de doute sur sa parfaite ressemblance.

H. 23 pouces — L. 19 pouces. T.

MIGNARD (Pierre).
Né en 1610, mort en 1695.

169. Portrait du duc d'Anjou, qui fut roi d'Espagne, sous le nom de Philippe V. Il est représenté, dans sa jeunesse, en buste, et couvert d'une cuirasse. La tête, de trois quarts, est d'une carnation fraîche, que font valoir les ajustements. Ce portrait intéressant brille par la grâce et l'abandon qui font admirer le pinceau séduisant et facile de Pierre Mignard.

H. 27 pouces. — L. 23 pouces. T. de forme ovale.

MOINE (François le).
Né en 1688, *mort en* 1737.

170. L'amour tenant une flèche d'une main, soulève de l'autre le voile d'une jeune femme, qui allume son flambeau au moyen d'un verre convexe. Cette composition allégorique, où le peintre semble avoir mis en jeu la science, l'amour et la beauté, est gravée par Cochin. *

L. 34 pouces. — H. 27 pouces. T.

NAIN (Le).
Mort en 1648.

171. Près d'un puits et de quelques monuments en ruines, on voit une famille de villageois groupés autour d'un tonneau, et qui viennent d'achever leur repas : on remarque aussi une vieille femme arrivant avec sa chèvre. Dans l'éloignement, l'horizon est terminé par des montagnes frappées du soleil couchant. Ce tableau, d'une vérité parfaite dans les personnages comme dans les détails, est une des meilleures productions du maître.

L. 21 pouces et demi. — H. 18 pouces. T.

PAR LE MÊME.

172. Dans une grande chambre basse, on voit, près d'une large cheminée, une femme assise,

et tenant un enfant sur ses genoux; son mari est à côté d'elle. Au second plan, à gauche, on voit, dans l'embrâsure d'une porte, une jeune fille qui arrive ayant un seau au bras; un chien, un chat, divers ustensiles de ménage et quelques légumes garnissent la composition, dont la simplicité est remarquable, et qui est exécutée d'une manière large. *

L. 29 pouces et demi. — H. 20 pouces. T.

NATOIRE.

Condisciple de Boucher, élève de Le Moine.

173. Dans un paysage d'un ton clair et agréable, on voit des chasseurs et des dames montés sur des mules, se reposant et faisant désaltérer leurs montures à une fontaine en partie ombragée par des arbres.

L. 32 pouces. — H. 25 pouces. T.

POUSSIN (Nicolas).
Né en 1594, mort en 1665.

174. Site d'Italie, où l'on remarque principalement un tombeau en avant d'une habitation, et près d'un groupe d'arbres qui sert de repoussoir à un fond de montagnes. Quelques figures, drapées à l'antique, marchent sur des routes variées qui mènent à une rivière; en avant, l'on voit les restes d'un arc de triomphe. On admire dans ce tableau les belles lignes heureu-

sement cadencées, dont l'idée est tellement attachée au caractère des paysages de ce grand peintre, que *les belles lignes du Poussin* sont, pour ainsi dire, une expression générique dans les arts d'imitation.

H. 18 pouces. — L. 22 pouces. T.

PAR LE MÊME.

175. Saint Érasme, évêque, souffre la mort pour n'avoir pas voulu sacrifier sur les autels d'Hercule. Cette belle esquisse est celle faite pour un grand tableau de galerie, d'après lequel on a exécuté une mosaïque à l'une des chapelles de Saint-Pierre du Vatican, à Rome. Ce grand tableau faisait partie de la collection du Musée avant 1814.

H. 22 pouces. — L. 15 pouces. T.

PRUD'HON (Pierre-Paul).
Mort en 1823.

176. Quatre jolies esquisses dans un même cadre, figures allégoriques et d'ornements, destinées à décorer des panneaux en hauteur, qui ont été exécutés dans l'hôtel de la duchesse de St.-Leu. Ces figures représentent Minerve et Euterpe, Vénus et Pandore; elles sont sur des piédestaux, où sont placés des génies; au-dessus d'elles sont d'autres génies portant les attributs de leur caractère. Ces esquisses, touchées avec un goût exquis, offrent les teintes séduisantes

qui portent les admirateurs de Prud'hon à le surnommer le Corrège français. *

H. 10 pouces et demi. — L. 2 pouces un quart. B.

RAOUX (Jean).

Né en 1677, mort en 1734.

177. Deux jeunes et jolies femmes, groupées près d'un clavecin, chantent un morceau de musique que tient l'une d'elles. Le jour, qui vient d'une croisée en partie cachée par un rideau, les éclaire d'une manière piquante. Les effets produits par les satins, une certaine grâce dans les poses et dans les physionomies, assigneront toujours une place distinguée aux productions de cet artiste dans toutes les collections, malgré sa manière souvent affectée et son manque de correction. *

H. 29 pouces. — L. 23 pouces et demi. T.

RIGAUD (Hyacinthe).

Né en 1659, mort en 1743.

178. Tableau de galerie, représentant le grand Dauphin, en pied et le bâton de commandement à la main : derrière lui, on voit un serviteur tenant un cheval, dans le fond, un paysage largement touché, et les dispositions d'une bataille; le fond porte le caractère et la manière des ouvrages de Parocel. L'on n'a pas ici à re-

procher à Rigaud le brillant fracas de ses draperies, qui détourne quelquefois de l'attention due à la tête d'un portrait.

H. 97 pouces. — L. 71 pouces. T.

ROBERT (Hubert).

Né en 1733, mort en 1808.

179. Un tableau d'architecture offrant des obélisques et divers monuments égyptiens, composés avec goût, et produisant des effets de couleur heureux et pittoresques. On y remarque plusieurs groupes de figures sur les différents plans.

H. 24 pouces. — L. 19 pouces. T.

PAR LE MÊME.

180. Un tableau d'un effet très piquant, où l'on voit dans le réduit agréable d'un jardin, des jeunes filles attachant des guirlandes de fleurs à une statue en partie ombragée par des arbres élevés.

H. 11 pouces. — L. 8 pouces. T.

SUEUR (Eustache Le).

Né en 1617, mort en 1655.

181. Un religieux de l'ordre de saint Bruno, agenouillé près d'une croix et les yeux fixés sur ce signe de la rédemption, écrit les pensées que lui inspire sa piété : cette figure, pleine d'ex-

pression, se détache sur des rochers qui laissent voir un échappé de paysage. Ce tableau, peint d'une manière légère et délicate, ne laisse rien à désirer du côté du sentiment et de l'effet.

H. 13 pouces. — L. 10 pouces et demi. T.

PAR LE MÊME.

182. Jolie esquisse terminée, représentant la déesse des fleurs planant dans les airs et accompagnée de deux génies, dont un tient une corbeille de fleurs, et l'autre un flambeau.

L. 9 pouces. — H. 8 pouces. Toile marouflée.

THÉOLON (Étienne).

183. Sujet des œufs cassés. Sur le devant d'une chambre rustique, on voit une jeune fille assise à terre et dans le chagrin. Le désordre de son habillement et de sa chevelure font voir qu'elle a eu à se défendre d'un jeune villageois qui s'enfuit et la regarde en souriant; près d'elle est son panier d'œufs, dont plusieurs sont cassés. Ce tableau est d'une exécution fine et spirituelle, et d'une couleur harmonieuse.

H. 16 pouces et demi. — L. 13 pouces. T.

VERNET (Claude-Joseph).

Né en 1714, mort en 1789.

184. Un site sauvage. Au milieu de rochers couverts de quelques broussailles, on voit une

nappe d'eau tombant en cascade sur le premier plan. Plusieurs groupes de pêcheurs sont placés en avant. Dans l'éloignement, on aperçoit des fabriques, des bouquets d'arbres et des aqueducs. Un ciel chaud éclaire ce paysage pittoresque, qui semble avoir été peint en Italie, et qui est rendu d'une manière large et vigoureuse.

L. 23 pouces. — H. 17 pouces et demi. T.

PAR LE MÊME.

185. Un petit tableau représentant l'entrée d'un port. On remarque, en avant, plusieurs pêcheurs, et, sur les différents plans, divers navires et barques. Ce site pittoresque est éclairé par la lune, dont la réverbération éclaire les vagues de la mer et produit l'effet le plus piquant.

L. 11 pouces. — H. 8 pouces. T.

VOUET (Simon).

Né en 1582, mort en 1641.

186. La Vierge, vue jusqu'aux genoux, tient l'enfant Jésus et le regarde avec ravissement. Tableau le plus précieux que l'on puisse rencontrer de ce peintre, dont le talent de bien peindre les Vierges était soutenu par la suavité du pinceau et la fraîcheur de la couleur. On peut

dire de Vouet, que la peinture lui dut, en France, ce que le théâtre dut à Corneille. Il a formé tous les peintres qui se sont distingués dans son siècle : parmi ses élèves ou ceux qui prirent ses conseils et s'inspirèrent de ses ouvrages, on compte le Poussin, Le Sueur et Le Brun.

H. 9 pouces. — L. 7 pouces. B.

WATTEAU (Antoine).

Né en 1684, mort en 1721.

187. Le tableau le plus important et du caractère le plus original qui soit sorti du pinceau de cet excellent coloriste. On y voit plusieurs personnages en habits de carnaval; ils sont de grandeur naturelle, ce qui est fort rare dans les ouvrages de Watteau. La figure principale est celle d'un *Gille*, qui est debout et vu de face; derrière, en plan coupé, on aperçoit un *Crispin* monté sur un âne, et trois autres personnages en habits de caractère. On présume que ce sont les portraits d'acteurs du Vaudeville, avec qui Watteau était fort lié. Des plantes bien exécutées, une indication de paysage d'un ton chaud, un ciel clair et harmonieux, font valoir l'ajustement blanc du *Gille*, où le peintre a montré la finesse de ses teintes et son sentiment heureux dans les effets clairs et harmonieux.

Watteau dut ses succès à l'étude qu'il fit du

coloris et des compositions de la galerie de Rubens, ainsi qu'à celles qu'il put faire dans la collection de M. Crozat, qui, plein d'amitié pour lui et de goût pour son talent, le logeait dans sa maison. Le célèbre Lafosse, directeur et chancelier de l'Académie de peinture, le fit recevoir dans cette compagnie sous le titre de peintre des fêtes galantes, en lui disant : « Vous en savez plus que nous, et vous honorerez notre Académie. » Du reste, cet artiste est un exemple frappant des vicissitudes des réputations dans la peinture. Élevé dans son temps au sommet de la vogue, dédaigné plus tard, il semble être replacé, par l'opinion actuelle et la recherche que l'on commence à faire de ses ouvrages, au véritable rang ou son genre de mérite doit le classer. Les tableaux qui font partie de cette collection, tous dans des genres différents, donneront une idée de la fertilité de son génie, de la richesse de sa palette et de la facilité de son pinceau.

H. 66 pouces. — L. 54 pouces. T.

PAR LE MÊME.

188. Deux tableaux d'un pinceau très fin. Ils représentent des réunions de cavaliers et de dames dans des jardins; ils sont en habits de carnaval. Dans l'un, deux jeunes dames viennent de quitter leur domino, elles se sont assises près des corbeilles de fleurs; un des cavaliers

joue de la guitare. Dans l'autre, une jeune femme, déguisée en bergère galante, est debout près de trois personnes aussi en habits de caractère et groupées dans la demi-teinte ; une d'elles joue de la guitare. Des ifs, des jets d'eau, des allées d'arbres et des bosquets, donnent l'idée des jardins les plus agréables et accompagnent parfaitement les figures. *L'un est lithographié.*

L. 10 pouces. — H. 7 pouces. C.

PAR LE MÊME.

189. Précieux tableau où ce peintre a voulu imiter le Giorgion. Trois jeunes musiciens sont dirigés par un professeur, qui indique la mesure ; une jeune et jolie femme, qui les écoute avec attention, complète la composition. Les figures sont vues à mi-corps. Ce tableau soutiendrait la comparaison avec un tableau vénitien.

L. 11 pouces. — H. 8 pouces. B.

PAR LE MÊME.

190. Une autre pastiche, qui confirme la variété du talent de l'auteur : elle est à l'imitation de Van-Dick, et faite à tromper. Elle représente la Vierge assise et tenant l'enfant Jésus sur ses genoux.

H. 16 pouces. — L. 12 pouces. T.

TABLEAUX.

INCONNU.

191. Petit portrait de femme en buste, et dans le costume de la cour de Louis XV. Il est très fin d'exécution.

H. 2 pouces et demi. — L. 2 pouces. C. de forme ovale.

TABLEAUX DES ARTISTES VIVANTS
DES DIVERSES ÉCOLES.

Nous nous sommes interdit toutes réflexions à la suite des désignations des tableaux et dessins des artistes vivants. Il nous a paru peu convenable, dans cette circonstance, de distribuer aux uns des éloges qui paraîtraient faire la critique des autres; nous dirons seulement qu'on verra, dans cette partie de la collection, plusieurs esquisses brillantes dont M. Denon, discernant parfaitement le point où le génie ne peut qu'être refroidi par le travail, avait su apprécier les heureuses inspirations; on y remarquera aussi plusieurs tableaux achevés avec le plus grand soin, qui prouvent tout le prix que les artistes mettaient à l'approbation de ce juge éclairé.

M. APPIANI, *de Milan*.

192. Le portrait de madame Grassini, célèbre cantatrice; elle est vue en buste et de trois quarts; elle est vêtue d'une robe blanche et coiffée en cheveux.

H. 15 pouces. — L. 5 pouces. B.

M. BERGERET.

193. Portrait d'homme, peint à l'imitation de Rembrandt; il est assis, vu de face et de grandeur

de nature; il est coiffé d'un chapeau à larges bords qui met dans l'ombre une partie de la figure.

H. 48 pouces. — L. 35 pouces. T.

M. BERTON.

194. Portait de feu M. Aubourg, antiquaire, attaché autrefois au Musée; ce portrait est en buste, la tête de trois quarts.

H. 19 pouces. — L. 16 pouces. B.

M. BILCOQ.

195. Dans le réduit d'une vieille diseuse de bonne aventure, que l'on aperçoit assise près d'une table couverte de livres, de bocaux et des divers objets convenables à sa profession, l'on voit une jeune femme debout et fort attentive à ses prédictions; cette jeune femme est vêtue d'une robe de satin blanc, et d'un mantelet noir.

H. 26 pouces. et demi. — L. 21 pouces et demi. T.

M. CASSAS.

196. Rencontre de deux caravanes, traversant la vallée des tombeaux, à peu de distance des ruines de Palmyre: on remarque de magnifiques tombeaux, et quelques ruines d'une colonnade qui conduisait dans le centre de la ville. Cette étude est la seule de ce genre que M. Cassas ait peinte à l'huile.

L. 59 pouces. — H. 23 pouces. Papier collé sur bois.

TABLEAUX.

M. DAVID.

197. Portrait de madame Langeron presqu'à mi-corps ; elle est coiffée de cheveux blonds bouclés et attachés avec un ruban bleu ; sa robe est blanche, et sur le dossier de sa chaise on aperçoit un schall rouge.

H. 30 pouces. — L. 24 pouces. T.

PAR LE MÊME.

198. Un enfant vu en buste et ajusté à l'antique d'une draperie rouge ; sa tête est coiffée de cheveux bruns bouclés, il tient une coupe et un petit vase en terre, et semble être présent à une cérémonie religieuse.

H. 17 pouces et demi. — L. 13 pouces et demi. T.

PAR LE MÊME.

199. Le portrait de Buonaparte à son retour de l'armée d'Italie après la bataille de Castiglione ; il est à mi-corps, la tête seule ébauchée, le reste au trait.

H. 30 pouces. — L. 24 pouces. T.

M. DUNANT.

200. Le sujet du Chaperon rouge, exposé au Salon de 1806.

L. 28 pouces. — H. 19 pouces. T.

FORBIN (M. le comte de).

201. Une des chapelles de l'église Saint-Irénée à Lyon, éclairée par une croisée cintrée, en partie ombragée par des feuillages. On remarque sur un piédestal, une tête de mort, et en avant un religieux à genoux et en prières dans l'embrasure d'une porte qui laisse apercevoir dans une salle contiguë, un monument en marbre blanc.

H. 19 pouces et demi. — L. 14 pouces. B.

GÉRARD (M. le baron).

202. Le portrait de mademoiselle George, artiste dramatique, vue en buste, le corps de face et la tête tournée vers l'épaule droite : ses épaules et sa poitrine sont en partie découvertes ; elle retient sa robe blanche et une draperie verdâtre ; la figure se détache sur un rideau rouge. Ce portrait n'est qu'ébauché dans plusieurs parties, la tête est presque terminée.

H. 23 pouces. — L. 19 pouces et demi. T.

PAR LE MÊME.

203. Esquisse presque terminée, représentant l'intérieur de la maison de saint Joseph. On remarque la Vierge assise et s'occupant à un ouvrage de femme; Jésus, dans l'adolescence, exerce la charité envers un vieillard ; on aperçoit aussi

le jeune saint Jean, et dans la demi-teinte saint Joseph, le compas à la main, traçant des ouvrages de menuiserie.

L. 14 pouces et demi. — H. 12 pouces. T.

GROS (M. le baron) an XI.

204. Petit portrait en pied de Buonaparte, en costume de premier consul. Il est debout près d'une table couverte d'un tapis vert, et a la main posée sur des plans de campagne et divers papiers ; sur un d'eux on lit : *Traité d'Amiens.*

H. 16 pouces. — L. 11 pouces. B.

Mlle HARWEY.

205. Portrait de M. Denon, en buste, et ajusté d'un manteau ; la tête est de trois quarts.

H. 20 pouces. — L. 17 pouces. T.

M. HEIM.

206. Étude d'après un jeune garçon, représenté debout et de grandeur de nature, et avec les attributs du petit saint Jean.

H. 58 pouces. — L. 30 pouces. T.

PAR LE MÊME.

207. Esquisse ; elle représente Eliézer, intendant d'Abraham, apercevant Rébecca au milieu de ses

nombreux troupeaux; dans une partie d'ombre on voit plusieurs femmes, et des bergers indiquant à Eliézer la fille de Bathuel.

L. 10 pouces. — H. 8 pouces et demi. T.

M. LAFOND.

208. Sujet tiré du voyage de M. Denon. Il est représenté entouré des naturels du pays, qui examinent avec surprise son portefeuille de dessins; des enfants lui apportent quelques antiquités; on aperçoit son cheval dans une cabane, et plus loin on découvre des débris de monuments.

H. 14 pouces. — L. 12 pouces. T.

M. LAURENT.

209. Près de la porte d'une habitation d'architecture gothique, une jeune fille tenant sa quenouille et son fuseau, écoute un page qui joue de la flûte.

H. 8 pouces et demi. — L. 7 pouces. B.

Mme LEBRUN (Vigée).

210. Portrait de madame Albrizzi, vue en buste, la tête de face, coiffée de cheveux bouclés et d'une bandelette blanche; elle est ajustée d'un schall rouge et se détache sur un fond de ciel.

H. 18 pouces. — L. 12 pouces et demi. T.

TABLEAUX. 95

Mme LESCOT (HAUDEBOURT).

211. Esquisse représentant M. Lethiers, occupé à peindre.

> H. 12 pouces et demi. — L. 9 pouces et demi. T.

M. LIBOUR.

212. Mameluck mourant de fatigue dans le désert : ce tableau est composé d'après le passage suivant tiré du voyage de M. Denon dans la haute et basse Egypte. *La caravane a passé ; elle n'est dejà plus qu'une ligne ondoyante dans l'espace ; bientôt elle n'est plus qu'un point, et ce point s'évanouit. Ses regards égarés cherchent et ne rencontrent plus rien dans le silence affreux qui l'environne ; il n'entend plus que ses soupirs, et ce qui lui reste d'existence appartient à la mort.*

> L. 88 pouces. — H. 60 pouces. T.

M. MAUZAISSE.

213. Esquisse terminée du tableau du baptême et de la mort de Clorinde. *Tancrède recueille ses forces ; étouffant la douleur qui le presse, il se hâte de rendre une vie immortelle, à celle qu'il a privé d'une périssable vie.* (Jérusalem délivrée.) *Salon de* 1817.

> H. 15 pouces. — L. 12 pouces. T.

TABLEAUX.

M. MERIMÉE.

214. Petite esquisse représentant une bacchante couchée dans un paysage.

L. 5 pouces. — H. 3 pouces et demi. B.

M. PONCE-CAMUS.

215. Esquisse terminée, sujet d'Emma et Eginhard; en avant, on voit Emma portant son amant, et dans l'éloignement, Charlemagne à l'entrée d'une galerie d'architecture gothique.

L. 23 pouces. — H. 20 pouces. T.

M. PROT.

216. Ceyx après avoir péri dans un naufrage en revenant de Délos, apparaît en songe à Alcyone son épouse ; effet de clair de lune.

H. 64 pouces. — L. 48 pouces. T.

M. RICHARD.

217. Vue du cimetière de Grignon, dans la vallée de Gresivaudan. On y remarque un chevalier conduit près d'un tombeau par un religieux. Ce tableau a été exposé au salon de 1810.

H. 24 pouces et demi. — L. 19 pouces. T.

TABLEAUX.

M. ROBERT-LEFÈVRE.

218. Le portrait de M. Denon, assis dans son cabinet et au moment où il va feuilleter l'œuvre du Poussin.

H. 36 pouces. — L. 29 pouces. T.

PAR LE MÊME.

219. Le portrait du pape Pie VII, en buste et de trois quarts.

H. 26 pouces — L. 21 pouces et demi.

M. ROEHN.

220. M. Denon en Espagne, remettant dans leurs tombeaux les restes du Cid et de Chimène; il est accompagné de M. Zix, artiste, et d'un Espagnol. La scène se passe dans l'intérieur d'une chapelle d'architecture gothique.

H. 20 pouces. — L. 16 pouces et demi. T.

M. STRAATEN (J.-V.).

221. Un lièvre et des perdrix groupés avec divers ustensiles de chasse au pied d'un arbre.

H. 32 pouces. — L. 26 pouces. T.

M. TAUNAY.

222. Paysage dont le milieu est occupé par une rivière qui mène à des aquéducs, et plus loin

à des montagnes qui terminent les fonds. D'un côté, près d'une route où sont divers groupes de figures et d'animaux, on distingue des fabriques et des ruines, et du côté opposé des coteaux couverts d'arbres.

L. 12 pouces. — H. 9 pouces et demi. T.

PAR LE MÊME.

223. Esquisse représentant l'entrevue de Napoléon Buonaparte avec le pape Pie VII, à Fontainebleau, lors de son premier voyage en France, en 1804.

L. 7 pouces et demi.— H. 7 pouces. B.

INCONNU.

224. M. Denon en Égypte, au moment où on lui présente une momie trouvée dans les catacombes.

L. 17 pouces. — H. 12 pouces. B.

DESCRIPTION

DES DESSINS DES DIVERSES ÉCOLES

D'ITALIE, DE FLANDRE, D'ALLEMAGNE,
DE HOLLANDE ET DE FRANCE [1].

ÉCOLES DIVERSES D'ITALIE.

ÉCOLE FLORENTINE.

ANDRÉ DEL SARTO (Andrea Vannuchi).

Né en 1483, mort en 1530.

225. Dessin à la plume, lavé au bistre, et retouché au blanc : il représente Noë aidé de ses enfants, plantant la vigne. Cette composition a été gravée. *

BANDINELLI (Baccio), peintre et sculpteur.

Né en 1487, mort en 1559.

226. Dessin capital d'une plume large et de la plus belle manière, représentant l'entrée dans l'arche. Outre les figures de Noë, de sa femme,

---

[1] Plusieurs de ces dessins sont montés sous verre.

de ses fils Sem, Cham, Japhet et de leurs femmes, cette riche composition offre les divers animaux qui doivent être sauvés du déluge universel. *

ÉCOLE DE BANDINELLI.

227. Des femmes attentives à un spectacle qui les étonne; fragment de composition de plus de douze figures; dessin d'une belle plume. *

228. Deux dessins : l'un offre saint Pierre et trois autres figures; ce dessin est à la plume et au bistre. Dans le second, on voit une figure de femme au recto et divers études au verso.

BECCAFUMI ou MECHERINO (Dominico).
Né en 1484, mort en 1549.

229. Dessin capital, d'une plume large : sujet du sacrifice d'Abraham. Sept figures. *

BENOZZO GOZZOLLI.
Né vers 1400, mort en 1478.

230. Dessin capital; fragment de composition à la plume et lavé au bistre : sujet inconnu.

BRONZINO (Agnolo).
Né vers 1500, mort vers 1570.

231. Étude nue, pour un des prophètes de la

chapelle Sixtine; beau dessin au crayon noir, digne de Michel-Ange.

CANTA-GALLINA (Remigio).
Mort en 1624.

232. Paysage d'une plume large : on voit en avant un chasseur tirant un coup de fusil. Canta-Gallina, maître de Callot, était en même temps ingénieur, dessinateur et graveur à l'eau forte.*

DANIEL DE VOLTAIRE, peintre et sculpteur.
Né en 1509, mort en 1566.

233. Esquisse au bistre, rehaussée de blanc sur papier bleu, pour la belle descente de croix. Peinte à la *Trinité-du-Mont*. *

FRA BARTOLOMMEO DELLA PORTA, OU DI SAN MARCO (Bartolommeo Baccio, dit).
Né en 1469, mort en 1517.

234. La Vierge, assise, présente l'enfant Jésus à saint Jean; on voit à droite et à gauche des religieux en prière, et dans le haut, le Saint-Esprit. Beau dessin à la plume et au lavis légèrement retouché au blanc.*

LABELLE (Stefano della Bella, dit).
Né en 1610, mort en 1664.

235. Un dessin capital à la plume : combat et marche de cavalerie.

236 Un dessin à la plume et au bistre, représentant une cérémonie publique.* Un autre dessin au crayon, composition allégorique. *Ces deux dessins sont sur la même feuille.*

237. Deux dessins au trait, à la plume : l'un offre une flotte considérable, l'autre le siége d'une ville.

238. Trois feuilles d'études, figures, groupes, et compositions au trait à la plume.

239. Trois feuilles de trois dessins chaque. Études de figures, groupes et compositions à la plume.

LÉONARD DE VINCI.

Né en 1452, mort en 1519.

240. Trois caricatures à la plume,* une petite tête au crayon,* études diverses de chevaux. *
241. Deux études à la plume, dont une représente des ouvriers tournant un cabestan. *

ÉCOLE DE LÉONARD DE VINCI.

242. Quatre études de têtes au crayon et à la plume, par Luini, et de l'école de Léonard de Vinci ; une est attribuée à Léonard de Vinci.

MICHEL-ANGE (Michel-Angelo, *ou* Agnolo Buonarotti dit), célèbre peintre, architecte et sculpteur.

Né en 1474, mort en 1563.

243. Un dessin d'une plume fière et large représentant une sibylle *.

ÉCOLE DE MICHEL-ANGE.

244. Une chimère et une étude à la plume d'une des figures du tombeau des Médicis. Trois dessins, deux représentant des études d'anatomie à la plume, et le troisième des proportions du corps humain.

PERUZZI (Balthazar), peintre et architecte.

Né vers 1481, mort en 1536.

245. Des guerriers renversés à l'approche d'un saint. Précieux dessin à la plume et lavé au bistre.

PIERRE DE CORTONNE (Pietro Berretini, dit).

Né en 1596, mort en 1669.

246. Dessin capital, à la plume et lavé au bistre: sujet de Tullie faisant passer son char sur le corps de son père. *

247. Dessin au bistre et rehaussé de blanc représentant les apôtres saint Pierre et saint Paul.

DESSINS.

ROSSO (il).

Né en 1496, mort en 1541.

248. Un précieux dessin, rehaussé de blanc au pinceau, représentant les trois Parques.

SCHIAMINIOSI.

249. Joli dessin à la plume, au lavis, rehaussé de blanc. Il représente la Vierge sur un trône, couronnée par deux anges; en avant on voit saint Jean et un évêque.

TEMPESTA (Antonio), peintre, dessinateur et graveur.

Né en 1555, mort en 1630.

250. Dessin à l'effet, à la plume, au bistre, représentant l'Adoration des mages; un autre dessin pour une frise de forme ronde, destinée à un bouclier : sujet d'une chasse aux lions et aux tigres : riche composition à la plume, au bistre, et retouché au blanc.

TESTA (Pietro).

Né en 1617, mort en 1650.

251. Dessin capital, à la plume, et lavé au bistre, représentant Diane dans son char, accompagnée des songes et des terreurs de la nuit.*

252. Deux compositions représentant la Sainte-Famille : une au trait ; à la plume, l'autre lavée au bistre.

VANNI (Francesco).
Né en 1565, mort en 1610.

253. Dessin capital à la plume, au bistre, et rehaussé de blanc : la Vierge dans une gloire présente l'enfant Jésus à plusieurs saints et saintes qui sont dans le bas de la composition.*

VASARI (Giorgio).
Né en 1512, mort en 1574.

254. Très riche composition pour un plafond, offrant trois sujets entourés d'arabesques, savoir : la mort de Niobé et de ses enfants, le char d'Apollon, le char de Diane. Précieux dessin à la plume, lavé au bistre.

255. Un autre dessin aussi très riche pour un fond d'autel offrant trois sujets, savoir : la cène, une communion, la manne dans le désert. Ce dessin est à la plume et au lavis.

256. Précieux dessin à la plume et au lavis pour un devant d'autel, dont l'ornement principal est le sujet de la Sainte-Famille, adorée et servie par les anges et par sainte Catherine.

257. Précieux dessin à la plume et au bistre en trois parties : sujet de la manne dans le désert*.

258. Dessin capital à la plume, et lavé au bistre : sujet des noces de Cana.

259. Deux dessins à la plume et au lavis, sur une feuille, représentant des figures et ornements d'architecture.

ÉCOLE DE VASARI.

260. Deux dessins à la plume et lavés au bistre; compositions pour un plafond et une voûte.

ZUCCHERILLI (Francesco).
Né en 1702, mort en 1788.

261. Trois paysages, dont un effet d'orage, à l'effet, et retouché au blanc.

INCONNU.

262. Quatre miniatures sur vélin, exécutées avec le plus grand soin. Dans la première, on voit saint Joseph et la Vierge ; dans la seconde, la Vierge, assise et tenant l'enfant Jésus sur ses genoux, reçoit les offrandes de deux anges; la troisième offre plusieurs saints et martyrs, au milieu desquels on remarque saint Paul; la dernière offre aussi des saints et des martyrs;

Dans le groupe du premier plan, on remarque sainte Catherine. Ces sujets sont entourés d'un encadrement composé de cartouches, de masques et de bouquets de fruits rehaussés d'or.

H. 5 pouces. — L. 4 pouces.

ÉCOLE ROMAINE.

BAROCHE (Federico Barocci, *ou* Fiori).
Né en 1528, *mort en* 1612.

263. Esquisse pour le sujet de la descente de croix; dessin plein de sentiment : il est au crayon et à l'estompe.*

264. Etudes de femmes, au crayon noir et blanc, pour le même sujet.

265. La Vierge et l'enfant Jésus apparaissant dans une gloire à un religieux et à une religieuse. Dessin à la plume, légèrement teinté. *

266. Une feuille d'études diverses, au recto et au verso. *

267. Belle tête de religieux, au crayon et au pastel. *

BONACCORSI (Perino) appelé aussi PERIN DEL VAGA.
Né en 1500, *mort en* 1547.

268. Un dessin à la plume et lavé au bistre. Riche composition de sujets sacrés et ornements pour la décoration d'une voûte.

269. Précieux dessin de la meilleure manière du maître : un guerrier, suivi de ses soldats, s'agenouille devant un pontife. Ce dessin est à la plume, lavé au bistre et rehaussé de blanc.

270. Très beau dessin pour un ornement de plafond, composé de figures, mascarons et détails d'architecture. Il est à la plume et lavé au bistre.

271. Trois jolis dessins sur une feuille, à la plume et lavés au bistre, représentant divers sujets tirés des amours de Jupiter.

272. La Vierge, saint Joseph et les bergers contemplent l'enfant Jésus ; riche composition au crayon rouge. *

273. Andromède délivrée ; dessin au lavis, et retouché au blanc, sur papier bleu. *

274. Le Portement de croix, dessin au trait.

CADES (Josepin).

275. Deux dessins à la plume : l'un représente le sujet de la Charité humaine ; l'autre est une caricature italienne.

CARAVAGE (Michel-Ange Amerighi, dit le).
Né en 1569, mort en 1609.

276. Dessin au bistre et plein d'effet, offrant cinq figures éclairées d'une manière piquante.

FRANCO (Baptista, dit il Semolei), peintre graveur.
Mort en 1561.

277. Sujet d'une prédication ; jolie composition à la plume, au lavis, et rehaussée de blanc, entourée d'arabesques, et de forme ovale. *

278. Très précieux dessin de la plus belle manière du maître, et riche de composition, représentant le Saint-Esprit qui descend sur la Vierge et les apôtres ; le sujet principal est accompagné d'ornements d'architecture et de figures allégoriques. Ce dessin est à la plume et lavé au bistre. *

279. Dessin très fin, à la plume, et lavé légèrement au bistre, représentant Pénélope faisant défaire sa tapisserie. Ce sujet est entouré d'arabesques. *

280. Dessin à la plume, et légèrement teinté, représentant un sacrifice *.

GAROFOLO (Benvenuto Tisio da).
Né en 1481, *mort en* 1559.

281. L'enfant Jésus et la Vierge sur son trône ; saint Joseph est près d'eux ; des anges entourent le pied du trône et exécutent un concert ; beau et rare dessin à la plume, au bistre, et rehaussé de blanc. *

GASPRE (Gasparo Dughet).
Né en 1613, mort en 1675.

282. Un paysage à la plume, et à l'encre de la Chine*, quatre autres paysages aussi à la plume et au lavis.

JULES ROMAIN (Giulio Pippi, dit).
Né en 1492, mort en 1546.

283. Dessin très capital et des plus beaux du maître, à la plume et lavé au bistre : sujet de l'Adoration des rois, composition de neuf figures.*

284. Très riche composition représentant la Continence de Scipion. Ce dessin est à la plume, lavé au bistre, et rehaussé de blanc.

285. Un autre dessin aussi très capital et de la même manière de faire. A la fin d'une bataille on présente des captifs à un empereur romain que l'on voit entouré de ses principaux officiers et de ses enseignes.

286. Une des batailles d'Alexandre dans l'Inde. On y remarque parmi les guerriers des éléphants bardés et portant des tours avec des combattants. Cette composition, aussi capitale que les précédentes, est traitée dans la même manière. On peut considérer ces trois dessins comme des plus importants du maître ; le faire est précis et arrêté dans toutes les parties, et

les compositions sont riches et complètes; il est à regretter qu'ils aient un peu soufferts, mais heureusement ces accidents n'ont pas frappé les parties intéressantes.

287. Dessin capital à la plume et lavé au bistre, représentant un Dace conduit devant un empereur romain.

288. Saint Roch et saint Sébastien en adoration devant la Vierge et l'enfant Jésus : précieux dessin à la plume et lavé au bistre.*

289. Dessin à la plume et au lavis, représentant un combat d'animaux féroces.*

290. Fragment d'un carton coloré, offrant une tête de vieillard d'un beau caractère et de grandeur naturelle.

ÉCOLE DE JULES ROMAIN.

291. Dess incapital et d'une riche composition à la plume et au bistre, représentant le triomphe de Bacchus. Ce beau dessin, qui a été attribué à J. Romain, pourrait être du Carrache, à l'imitation de ce maître.*

292- Un dessin où l'on voit un évêque couronné par un ange. *

293. Un dessin offrant un sujet analogue au précedent. *

PANINNI (Gio Paolo), et FRANCESCO son fils.

294. Sept dessins et études, vues d'Italie, en six feuilles, la plupart coloriés. *Un de ces dessins est lithographié.*

PERUGIN (Pietro Vannucci, dit le).
Né en 1446, mort en 1524.

295. Un dessin très rare, au pinceau et au bistre, représentant saint Jérome.*

POLIDORO CALDARA.
Né vers 1495, mort en 1543.

296. Un vase dessiné à la plume, lavé au bistre, et rehaussé de blanc. Précieux dessin.*

MÊME ÉCOLE.

297. L'adoration des rois, dessin à la plume et lavé au bistre.*

RAPHAEL D'URBIN (Raffaello Sanzio, *ou* di Santi.)
Né en 1483, mort en 1520.

298. Très beau dessin à la plume, et de la plus belle manière: sujet de la descente de croix, composition de dix figures; ce précieux dessin est aussi remarquable par les expressions et la beauté de la forme et des mouvements que par l'ensemble de la composition. *

Dessin d'une riche composition à la plume, et entièrement terminé au bistre; la scène, riche en expressions et en mouvements, est celle du désespoir du lévite d'Éphraïm, au moment où il trouve sa femme morte à la porte où elle est parvenue à se traîner.

Ce dessin est dans un parfait état de conservation, et peut être regardé comme un des beaux dessins de Raphaël. Il est composé de onze figures. *

300. Portrait de jeune femme, vue presque jusqu'aux genoux et de trois quarts. Il est légèrement indiqué au crayon noir, sur papier blanc.

301. Une belle étude au crayon noir, représentant un religieux tenant un livre. Le trait de cette étude a été piqué pour être reporté sur la toile ou sur le mur.

302. Belle étude à la plume et au bistre, rehaussée de blanc, pour une des figures de l'Incendie du bourg. Dessin capital et d'une belle conservation. *

303. Quatre dessins à la plume, représentant les quatre Évangélistes. Il est à regretter que ces dessins aient été altérés par l'humidité.

304. Dessin à la plume, lavé au bistre et rehaussé de blanc; la composition est une allégorie sur

l'entrée des Médicis à Florence ; elle est une de celles peintes au Vatican et gravée par P. S. Bartoli; ce dessin pourrait aussi être attribué à Périn del Vaga. *

305. Un dessin très fatigué, sujet de la Transfiguration.

ZUCCARO (Frederico).

Né vers 1543, mort en 1609.

306. Huit dessins d'une exécution précieuse d'après diverses productions du Corrége; on y remarque le mariage de sainte Catherine, saint Jérôme, la Sainte Famille, et divers sujets pour des plafonds.

307. Dessin capital à la plume et légèrement lavé au bistre, offrant divers sujets du Nouveau Testament pour le plafond de l'église de Sainte-Marie-Majeure.

308. L'Adoration des bergers, dessin à la plume, lavé au bistre.

ZUCCARO (Taddeo).

Né en 1509, mort en 1566.

309. Dessin capital et très fin à la plume et au lavis, sujet allégorique, composé de sept figures. *

310. Trois feuilles de compositions au crayon rouge, offrant divers sujets de la vie de François Ier., Charles V, et Paul III. *

311. Portrait d'un pape, présumé celui de Paul III, au crayon et au pastel. *

312. L'Adoration des bergers, dessin à la plume et au lavis, rehaussé de blanc. *

313. Autre dessin à la plume et au lavis, riche composition pour un plafond.

314 Autre dessin à la plume et au lavis; sujet de la prédication de saint Pierre.

ÉCOLE VÉNITIENNE.

BRUSASORCI (Felice Riccio, dit il).

Né en 1540, mort en 1605.

315. Dessin à la plume, au lavis et rehaussé de blanc, représentant Persée au moment où il vient de couper la tête de Méduse.

316. Un dessin représentant la Justice.

CAMPAGNOLA (Dominico), peintre et graveur.

Vivait en 1543.

317. Quatre paysages à la plume, avec figures et fabriques.

8.

CANALETTI (Antoine Canal, dit).
Né en 1697, mort en 1768.

318. Un beau dessin à la plume et au lavis, représentant les ruines d'un palais et d'un arc de triomphe. *

319. Un autre dessin dans la même manière, offrant la vue d'un canal à Venise.*

320. Un dessin à la plume, offrant un groupe de figures.*

321. Un paysage à la plume et au lavis. *

MÊME ÉCOLE.

322. Deux dessins précieux et importants, offrant des vues d'Italie, ornées de beaucoup de figures: ces deux dessins sont à la plume et au lavis; ils présentent le caractère des ouvrages de *Van Vitelli*.

FARINATI (Farinato Paolo, dit).
Né en 1522, mort en 1606.

323. Vénus et Adonis, dessin à la plume, au lavis et rehaussé de blanc.

324. Un beau dessin dans la même manière que le précédent, représentant le sujet de la descente de Croix.*

325. Une composition à la plume et au bistre, représentant les supplices des enfers.

GIORGION (Giorgio Barbarelli , dit le).

Né en 1477, mort en 1511.

326. Beau dessin très piquant et prononcé dans son effet, offrant la vue d'une rue de Rome, avec plusieurs figures : ce dessin est à la plume et lavé au bistre. *

327. Un dessin à la plume et au lavis, représentant une prédication.*

328. Une tête au crayon rouge.

GUARDI (François).

Né en 1712, mort en 1793.

329. Quatre très beaux dessins à la plume et au lavis, représentant divers points de vue de la ville de Venise.

330. Un dessin à la plume et au lavis, représentant le Bucentaure, monté par le doge de Venise, pour faire la cérémonie d'épouser la mer.*

331. Quatre paysages à la plume et au lavis.

PALMA (Jacobo).

Né en 1544, mort en 1628.

332. Un dessin à la plume et au bistre, représentant la descente de croix. *

333. Un dessin à la plume, représentant saint Jérôme dans un paysage.

334. Deux études de figures largement touchées.

PAUL VÉRONÈSE (Caliari, dit).

Né en 1530, mort en 1588.

335. Sous un dôme soutenu par des colonnes, la Vierge assise tient l'enfant Jésus; des figures d'ornements indiquent que cette partie tenait à une composition plus grande. Ce dessin, du plus grand caractère et d'une exécution large, est à la plume, lavé au bistre et rehaussé de blanc. *

336. Le repas chez Simon le pharisien; la Magdeleine est prosternée aux pieds de Jésus-Christ, après y avoir répandu des parfums; dessin capital au crayon rouge et rehaussé de blanc.

337. Un dessin capital, à la plume au lavis, et rehaussé de blanc; sujet du martyre d'une sainte.

338. Un dessin très précieux, et de la même manière,

représentant la Vierge et l'enfant Jésus dans une gloire

339. Très précieux dessin à la plume et au bistre, offrant des saints en extase devant une gloire où apparaissent la Vierge et l'enfant Jésus entourés des Anges. *

340. Portrait d'homme d'une vérité parfaite, aux deux crayons.

341. Un joli croquis représentant une femme en prière.

PORDENONE (Gio. Antonio Licino da).

Mort vers 1540, à l'âge de 56 ans.

342. Dessin à la plume et rehaussé de blanc, représentant saint Christophe.*

ROSALBA CARRIERA.

Née en 1675, morte en 1757.

343. Un pastel fort intéressant, représentant le portrait de l'auteur; elle est vue en buste, presque de face et de grandeur de nature. Les ouvrages de cette artiste célèbre sont rares. Celui-ci, outre son intérêt historique, a l'avantage d'une conservation parfaite; il avait été acheté à Venise et rapporté par M. *Denon.*

SCHIAVONE (André).

Né en 1522, mort en 1582.

344. Un dessin à la plume et lavé au bistre, représentant sainte Catherine disputant à 18 ans contre les philosophes.

345. Un autre dessin aussi à la plume et lavé au bistre, représentant un saint conduit au supplice.

346. Le défi d'Apollon et Marsyas, composition de deux figures à la plume, au lavis et rehaussée de blanc.

347. La femme adultère, dessin légèrement coloré; les figures sont presqu'à mi-corps.*

348. Un précieux dessin à la plume, au lavis et rehaussé de blanc; sujet de la descente de croix.*

TIEPOLO (Giovani-Batista).

Né en 1693, mort en 1770.

349. Un beau dessin à la plume et au lavis, représentant une leçon d'anatomie.*

350. Un dessin aussi à la plume et au lavis; sujet de la Visitation.

351. Un autre dessin représentant l'Ascension de la Vierge.

TINTORET (Jacopo Robusti, dit le).
Né en 1512, *mort en* 1594.

352. Composition pour le sujet de la Cène, à la plume et au lavis. *

353. Autre composition pour le même sujet, également à la plume et au lavis.

354. Composition pour un devant d'autel, avec figure du Tintoret. *

355. Un dessin représentant la descente de croix.

TITIEN (Tiziano Vecellio).
Né en 1477, *mort en* 1576.

356. Un précieux dessin à la plume, représentant saint Hubert à genoux devant la croix, qui lui apparaît sur la tête d'un cerf. *

ÉCOLE LOMBARDE.

ABATI, OU DELL' ABATE (Niccolo).
Né en 1509, *mort en* 1571.

357. Charmant dessin à la plume, offrant une réunion de divers groupes. *

358. Dessin capital offrant plusieurs sujets, dont le principal représente les funérailles d'un roi. Ce dessin est à la plume, lavé au bistre et rehaussé de blanc. *

CAMPI (Antonio).

Vivait en 1591.

359. Fragment de composition à la plume, au bistre et rehaussé de blanc, représentant des captifs emmenés par l'ordre d'un consul romain. *

CAMPI (Bernardino).

Né en 1522, vivait encore en 1590.

360. Joli dessin à la plume et au lavis, représentant sainte Cécile et sainte Catherine. Bernardino Campi était appelé l'*Annibal Carrache* des Campi. *

CAMPI (Giulio).

Né environ en 1500, mort en 1572.

361. Dessin à la plume et au bistre, représentant une Sainte Famille. *

FERRARI (Gandenzio).

Né en 1484, mort en 1550.

362. Un dessin d'un grand caractère et d'une composition riche, à la plume, au lavis, et rehaussé de blanc, représentant le Christ portant sa croix. Ce dessin est un peu fatigué.

DESSINS.

MANTEGNA (Andrea).
Né en 1430, mort en 1506.

363. Un dessin à la plume, représentant Jésus-Christ et deux saints. *

ORSI DA NOVELLARA (Lelio).
Né en 1511, mort en 1587.

364. Un dessin à la plume et au lavis au bistre, représentant l'Adoration des bergers.

365. Un autre dessin à la plume, au lavis et rehaussé de blanc, offrant deux figures allégoriques.

PARMESAN (Francesco Mazzuola, dit le).
Né vers 1503, mort en 1540.

La suite de dessins du Parmesan, que nous allons décrire est, sans contredit, une des plus remarquables et des plus importantes que l'on puisse rencontrer : elle est remarquable par le choix et la perfection de chaque pièce en particulier, et très importante par leur nombre, les moindres croquis de ce maître étant toujours recherchés avec empressement par les artistes et les amateurs éclairés. Ils admirent dans ces dessins l'esprit et la légèreté de la main, l'élégance des formes, et une certaine grâce qui n'appartient qu'au Parmesan, et qui semble avoir été chez lui, autant un don de la nature que le résultat de ses études. La plupart des dessins qui composent cette suite proviennent de la collection très fameuse du comte d'Arundel, à Londres.

366. Un dessin à la plume et au lavis, représentant Caïn tuant Abel.

367. Moïse enlevé à sa mère pour être exposé sur le Nil; dessin au crayon rouge et rehaussé de blanc. *

368. Josué arrête le soleil; dessin à la plume et lavé au bistre.

369. Le mariage de la Vierge; riche composition à la plume et au lavis au bistre.

370. La Présentation au temple; riche composition à la plume, et légèrement lavée au bistre. *

371. La Vierge, l'enfant Jésus et le petit saint Jean; dessin à la plume, lavé au bistre et retouché au blanc. *

372. Dessin au crayon rouge, représentant la Sainte Famille; la Vierge tient l'enfant Jésus qui embrasse le petit saint Jean. *

373. La Vierge, l'enfant Jésus, saint Jean et deux Anges; petit dessin à la plume.

374. Un dessin représentant l'enfant Jésus et le petit saint Jean. *

375. Un croquis à la plume et au lavis, pour le sujet de la Sainte Famille.

376. Les apprêts du départ de la Sainte Famille; dessin à la plume et au lavis, sur papier jaune, retouché au blanc dans peu d'endroits. *

377. La Sainte Famille prête à partir pour fuir en Égypte; dessin à la plume et au lavis.

378. Discussion de docteurs; en avant, on voit sainte Anne, la Vierge et l'enfant Jésus: dessin à la plume et légèrement lavé au bistre et à la sanguine.

379. Fragment de composition à la plume et lavé au bistre, offrant le sujet de la Piscine. *

380. Dessin à la plume et au lavis; sujet de l'ensevelissement de notre Seigneur. *

381. Petit dessin à la plume et lavé au bistre, représentant la Vierge et l'enfant Jésus sur des nuages.

382. Une feuille d'étude à la plume et au lavis, au recto et au verso, pour le groupe de la Vierge et l'enfant Jésus, et pour le sujet de saint Jean prêchant dans le désert.

383. Saint Jean dans le désert avec son mouton; dessin à la plume, lavé au bistre, sur papier bleu et légèrement rehaussé de blanc. *

384. Un dessin à la plume et au lavis, au bistre; sujet de la décollation de saint Jean.

385. Un dessin à la plume et au lavis, représentant saint François à genoux dans un paysage.

386. Très riche composition représentant le culte rendu à Jupiter dans une des contrées de la

Grèce; ce dessin est à la plume, lavé au bistre et rehaussé de blanc. *

387. Le défi d'Apollon et de Marsyas; dessin à la plume, au bistre et rehaussé de blanc. *

388. Mars ramené près de Vénus et désarmé par les Amours; riche composition à la plume et lavée au bistre.

389. Dessin à la plume et au lavis, représentant une Bacchanale.

390. Une Érigone; petit dessin à la plume.

391. Etudes pour le sujet de la Sainte Famille à la plume et lavées au bistre, et une figure de femme rehaussée de blanc. *

392. Cérémonie religieuse, riche composition de seize figures à la plume, et lavée au bistre.

393. Figure de femme portant un vase sur sa tête; dessin à la plume, au bistre et rehaussé de blanc.

394. Une figure de femme portant un vase sur sa tête; la même idée à la plume et au lavis plus terminée. *

395. Deux dessins à la plume, représentant des figures de femmes.

396. Fragment de composition représentant plu-

sieurs personnages attentifs à une apparition ou à un miracle. *

397. Une feuille d'études offrant au recto et au verso plusieurs figures, groupes, fragments de compositions à la plume et lavés au bistre. *

398. Une feuille d'études à la plume et au lavis, au recto et au verso, dont le groupe de Vénus et l'Amour.

399. Un dessin à la plume, études et groupes de vieillards. *

400. Groupes de cinq figures à la plume, représentant une offrande.

401. Une feuille d'étude offrant plusieurs figures de femmes au recto et au verso.

402. Une chasse au cerf, dessin à la plume et au lavis.

403. Vieillard tenant une hallebarde, étude à la plume, lavée au bistre et rehaussée de blanc.

404. Un groupe de femmes et de vieillards, à la plume, très légèrement teinté; fragment de composition. *

405. Têtes de vieillards, de femmes, de satyres; dessin à la plume et lavé au bistre. *

406. Un dessin à la plume et lavé au bistre, composition de deux figures allégoriques.

407. Un dessin lavé, sur papier de couleur, et rehaussé de blanc, représentant des figures d'ornements.

408. Une étude à la plume, portion de figure.

409. Un petit croquis sur papier jaune.

ÉCOLE BOLONAISE.

BAGNACAVALLO (Bartolomée Ramenghi, dit).
Né en 1493, mort en 1551.

410. Croquis à la plume et au bistre, représentant saint Pierre et saint Paul. *

BIBIENA (Ferdinand Galli).
Né en 1657, mort à plus de 82 ans.

411. Un beau dessin d'architecture à la plume et au lavis.*

412. Deux dessins à la plume et au lavis, offrant des palais-d'une architecture très riche et très singulière de composition et de détails.

BOLOGNESE (Gio. Francesco Grimaldi, dit).
Né en 1616, mort en 1680.

413. Deux paysages à la plume; l'un est orné de figures, l'autre a aussi été attribué à Aug. Carrache.

414. Deux paysages à la plume.

BRIZIO (Francesco).

Né en 1574, mort en 1623.

415. Sujet mystique où l'on voit dans le haut la Vierge, Jésus-Christ et saint Jean dans une gloire; dans le bas de la composition on remarque trois saints. Ce précieux dessin est à la plume et au bistre.

416. Un dessin à la plume et au bistre, représentant une sybille et divers détails d'architecture servant d'ornements à des pendentifs.

BUTI.

417. Trente-cinq caricatures à la plume, au lavis et au bistre.

418. Deux paysages à la plume et lavés au bistre.

419. Une mère et son enfant en prière; dessin au crayon noir et blanc.

CARRACHE (Annibale Carracci).

Né en 1560, mort en 1609.

420. Précieux dessin à la plume offrant un paysage pittoresque où l'on voit une rivière, et orné de figures.

421. Deux études au crayon rouge: l'une offre une tête de jeune homme, l'autre une main d'après nature.

422. Sept autres études, soit au crayon, soit à la plume, sur trois feuilles.

423. Composition pour un tableau de l'église de Saint-Grégoire à Rome, représentant saint François.

CARRACHE (Ludovico Carracci).

Né en 1555, *mort en* 1619.

424. Une jolie feuille de dessins au recto et au verso ; d'un côté une cérémonie religieuse à la plume et au lavis, de l'autre quelques croquis. *

425. La célébration de la messe, précieux dessin à la plume et au lavis. *

426. Saint François soutenu par deux anges, dessin à la plume et au lavis, et un paysage à la plume ; On y remarque la Vierge, l'enfant Jésus et saint Joseph.

427. Charmant croquis à la plume légèrement lavé au bistre, représentant la Vierge, l'enfant Jésus et un ange. *

428. Une feuille dessinée à la plume et au lavis au recto et au verso ; de l'un et de l'autre côté, elle offre Notre Seigneur, saint Pierre et une autre figure. *

429. Etudes à la plume et au lavis, représentant des squelettes dans diverses poses.

430. Composition de sept figures, sujet inconnu, à la plume et au bistre.

431. Beau et capital dessin malheureusement un peu fatigué ; il est à la plume et lavé au bistre ; il représente sainte Catherine entourée de saint Georges, de saint Pierre et d'autres saints, recevant la couronne des mains de la Vierge, qui est assise sur un trône. *

432. La rencontre d'Eliéser et Rébecca ; dessin à la plume, lavé au bistre et rehaussé de blanc. *

CAVEDONE (Jacopo).

Né en 1577, mort en 1660.

433. Deux religieux adorant la Vierge et l'enfant Jésus, que l'on voit dans une gloire, dessin facile à la plume et au bistre.

CIGNANI (Carlo),

Né en 1628, mort en 1719.

434. Dessin au crayon noir, représentant l'enlèvement d'Europe. *

CRETI (Donato).

Né en 1671, mort en 1749.

435. Dessin à la plume, représentant le martyre de deux saints.

436. Un dessin, sujet d'une prédication dans l'intérieur d'un temple. *

437. Deux jolis dessins à la plume; dans l'un, on voit la Vierge qui présente l'enfant Jésus à saint François.

FLAMMINIO TORRE.
Mort en 1661.

438. Fragment de composition à la plume et au lavis, représentant quatre docteurs assis et étudiant.

GENNARI (Cesare).
Né en 1641, *mort en* 1688.

439. Un dessin très fin représentant la Vierge, l'enfant Jésus et saint Jean.

440. Dessin très fin à la sanguine, représentant la Vierge et l'enfant Jésus.

441. Dessin capital aux crayons rouge et noir, avec un peu de pastel et d'aquarelle sur papier blanc.
Il représente la Vierge près de saint Joseph, présentant le sein au petit Jésus. On ne peut pousser plus loin le charme de l'effet que dans ce dessin.

442. Un dessin très capital et plein d'effet, à la plume et lavé au bistre: sujet de l'Adoration des Mages. *

443. Un dessin capital à la plume, lavé au bistre, et d'une belle composition, représentant Jésus-Christ parmi les docteurs.

444. Saint Jean dans le désert, dessin à l'effet, à la plume et lavé au bistre. *

445. Dessin très capital, composition mystique. La Vierge, dans une gloire, confie l'enfant Jésus à sainte Thérèse; plusieurs anges sont présents à cette scène. Ce dessin est à la plume et lavé au bistre. *

446. Saint Joseph, saint François et d'autres saints à genoux devant une apparition qui retrace la Visitation, dessin très fin, à la plume et au bistre.

447. Un dessin à la plume et légèrement lavé, représentant l'ange, pour le sujet de la Visitation.

448. Un dessin représentant saint François et deux religieux de son ordre, à genoux devant la Vierge et l'enfant Jésus qui leur apparaissent dans des nuages. *

GUERCHIN (Gio Francesco Barbieri, dit le).

Né en 1590, mort en 1666.

La collection de dessins du Guerchin qui suit, peut être, pour l'importance et le choix, comparée à celle des dessins du Parmesan, qui a été décrite plus haut. Ces dessins sont, pour la plupart, gravés par Bartolozzi, et proviennent de la collection du comte Zanetti de Venise. Le goût, la magie de l'effet, et la facilité de la plume, remplacent, chez le Guerchin, la correction et la pureté. Quelques juges éclairés trouvent plus de perfection dans les dessins de cet artiste, que dans ses productions en peinture; on peut dire que, dans le genre qui lui est propre, il est supérieur et inimitable. On se rappelle que la reine Christine de Suède, ayant visité son atelier, lui prit la main, en lui disant qu'elle voulait toucher une main qui opérait de si belles choses.

449. Dessin capital à la plume et lavé au bistre, représentant des guerriers devant un prélat, et prenant la croix pour aller à la Terre-Sainte. *

450. Deux jolis dessins à la sanguine, représentant l'un une jeune fille développant une inscription, l'autre une sainte Cécile; ce dernier est un peu fatigué.

451. Céphale et Procris, dessin à la plume et largement lavé au bistre.

452. Un croquis à la plume, représentant Hercule étouffant Anthée.

453. Dessin à la sanguine, représentant l'Hymen brûlant les armes de l'Amour.

454. Dessin capital à la plume, sujet des apprêts d'un sacrifice. *

455. Dessin très capital et des plus séduisants, à la plume et lavé à l'effet au bistre, représentant quatre jeunes musiciens chantant, et dirigés par leur vieux professeur. *

456. Un dessin à effet à la plume et au bistre, sujet allégorique sur la misère d'une nombreuse famille. La mère vient de mettre au monde trois enfants : elle appelle la mort qui vient à elle; en avant, on voit le père, dans la désolation, et près de lui quatre autres enfants qui lui demandent du pain.

457. Composition bizarre; un père soigne la tête de son fils tandis que sa femme lui rend le même service. Ce dessin est à la plume et légèrement teinté au bistre.

458. Très beau dessin à la plume, représentant une jeune femme et son enfant près d'un arbre.

459. Quatre jeunes enfants groupés dans un paysage, dessin très fin à la sanguine.

460. Une jeune femme et un jeune garçon, dessinés à la plume d'une manière fine et spirituelle.

461. Un homme d'un certain âge et une jeune femme assis près d'une table, prenant leur repas; dessin très fin à la plume.

462. Dessin d'une belle exécution à la plume, représentant une jeune laitière italienne; elle est vue en buste. *

463. Charmant dessin à la plume et lavé à l'effet, représentant deux guerriers. *

464. Dessin très vigoureux, offrant un portrait d'homme vu en buste, la tête de trois quart, et coiffée d'un chapeau.

465. Un marchand turc, dessin très fin à la plume et légèrement teinté au bistre.

466. Une caricature offrant trois figures à la plume et au lavis.

467. Trois têtes de vieillards, dessinées à la sanguine.

468. Un dessin brillant d'exécution, à la plume et lavé au bistre, représentant un paysage dont le devant est garni d'arbres élevés.

469. Charmant dessin, à la plume et lavé au bistre, où l'on voit plusieurs figures dans un paysage; sur le premier plan, on remarque quatre villageois se désaltérant.

470. Joli paysage à la plume et légèrement teinté au bistre. On y voit près d'une rivière, des figures de pêcheurs et de chasseurs.

471. Paysage sauvage, d'une plume large: on y remarque deux lions prêts à s'attaquer.

472. Un grand paysage à la plume: on y remarque plusieurs cavaliers et piétons, cheminant sur des routes frayées au milieu de rochers.

473. Un beau paysage à la plume: on y remarque au milieu une rivière et nombre de figures sur différents plans.

474. Un charmant dessin à la plume : il représente un port de mer où l'on voit des fortifications et d'autres fabriques, des barques et quelques figures.

475. Petit paysage à la plume : on y remarque deux pèlerins.

476. Deux paysages à la plume.

477. Sept études; académies, fragments ou draperies.

478. Quatre dessins à la plume, au lavis et au crayon, représentant des compositions et figures, par *le Guerchin*, ou de son école.

479. Quatre paysages à la plume et au lavis, par *le Guerchin*, ou de son école.

ÉCOLE DU GUERCHIN.

480. Quatre dessins à la plume et au bistre, représentant saint Paul, une figure de magicien, etc.

481. Quatre croquis représentant des caricatures, et études diverses.

GUIDO (Reni).
Né en 1575, *mort en* 1642.

482. Très beau dessin à la plume et au lavis au bistre, représentant la Vierge montant au ciel, et entourée des anges exécutant un concert céleste. *

483. Très beau dessin à la plume et au bistre; la Vierge, dans une gloire, présente l'enfant Jésus à saint Pierre et à sainte Cécile. *

484. Un groupe dessiné au crayon noir.

485. Précieux croquis à la plume et au lavis, représentant plusieurs personnes attentives et écoutant une lecture.

MASTELLATA (Gio. Andrea Donducci, dit le).

Né en 1575, mort en 1655.

486. Un dessin à la plume et lavé au bistre; le sujet est Abraham recevant les anges. *

MAURO TESI.

487. Trois dessins de paysages et intérieurs avec figures, à la plume, au lavis et coloriés.

488. L'intérieur d'un tombeau, à la plume, au lavis et colorié. *

489. Deux autres dessins aussi à la plume et au lavis, compositions et groupes.

MOLA (Pietro Francesco).

Né vers 1612, mort vers 1668.

490. Riche composition à la plume et au lavis, sujet de saint Jean prêchant dans le désert. On ne peut rencontrer un dessin de ce maître

qui soit plus complet, sous le rapport de la vérité des expressions, et en même temps d'une exécution plus savante. *

491. Un dessin représentant deux ermites dans un paysage.

PESARÈSE (Simone Cantarini).
Né en 1612, *mort en* 1648.

492. L'enfant Jésus soigné par sainte Anne, après l'accouchement de la Vierge; croquis à la sanguine.

493. Un autre croquis à la sanguine représentant le même sujet. *

494. Un autre du même sujet et dans la même manière. *

495. Un croquis à la sanguine, représentant la Vierge, l'enfant Jésus et saint Joseph.

PRIMATICE (Primaticcio Francesco, dit le).
Né vers 1490, *mort en* 1570.

496. Dessin fin d'exécution au crayon rouge et retouché au blanc, offrant un fragment de composition de dix figures.

TIARINI (Alessandro).
Né en 1577, *mort en* 1658.

497. Deux dessins à la plume et au lavis sur une

feuille; l'un représente saint Jean, l'autre saint François et deux religieux.

TIBALDI (Pelegrino).
Né vers 1522, mort en 1592.

498. Précieux dessin à la plume et au lavis, représentant l'enlèvement d'Europe.

ÉCOLES NAPOLITAINE, GÉNOISE ET ESPAGNOLE.

BISCAÏNO (Bartolommeo).
Né en 1632, mort en 1657.

499. Deux dessins à la plume et lavés au bistre, représentant le sujet de Moïse exposé sur le Nil, et un autre sujet inconnu.

500. Deux autres dessins représentant la Vierge au milieu d'une gloire d'anges, et un fragment de composition.

CALABRÈSE (Mattia Preti, dit le).
Né en 1613, mort en 1699.

501. Une feuille d'études dessinées au crayon rouge, au recto et au verso, et offrant différents groupes. *

CAMBIASO (Luca, *ou* Lughetto), surnommé le CANGIAGE.
Né en 1527, mort en 1580 ou 1585.

502. Un dessin d'une plume large et lavé au bistre, représentant la tentation de saint Antoine.

503. Un dessin de la même manière, représentant saint Christophe.

504. Huit dessins aussi à la plume et lavés au bistre, représentant ou la Sainte Famille, ou la Vierge et l'enfant Jésus.

505. Six dessins dans la même manière offrant divers sujets mystiques, allégories, bacchanales, etc.

CASTELLI (Bernardo).

Né en 1577, mort en 1629.

506. Dessin très fin, à la plume, au lavis et rehaussé de blanc, représentant l'attaque d'une ville.

CASTIGLIONE (Giovanni Benedetto).

Né en 1616, mort en 1670.

507. Un dessin à la plume représentant l'entrée des animaux dans l'Arche. *

508. Deux compositions coloriées; *l'une a été lithographiée.*

ESPAGNOLET (Josef, *ou* Jusepe de Ribera, dit l').

Né en 1588, mort en 1656.

509. Un dessin à la plume et au lavis au bistre, représentant sainte Marie-Egyptienne dans le désert. *

510. Un autre à la plume représentant Prométhée. *

GIORDANO (Luca).

Né en 1632, mort en 1705.

511. Dessin à la plume et lavé au bistre, représentant un combat de cavalerie.

PAGGI (Gio Battista).

Né en 1556, mort en 1629.

512. Deux dessins à la plume sur papier bleu ; l'un présente le Christ en croix pleuré par la Vierge, Magdeleine et saint Jean; l'autre offre un sujet mystique ou l'on voit des religieux et des religieuses sur des nuages et à genoux devant l'hostie. Celui-ci est lavé au bistre.

STROZZI (Bernardo).

Né en 1581, mort en 1644.

513. Un dessin au crayon offrant deux têtes de femmes.

LOTS DE DESSINS DE DIFFÉRENTS MAITRES

DES DIVERSES ÉCOLES D'ITALIE.

514. Le sujet de la Descente de croix, à la sanguine, et une étude pour un portrait de femme, par *Sébastien del Piombo*.

515. Deux dessins au crayon ; l'un représente le sujet de la Résurection : il est attribué à *Fra*.

Bartolomée; l'autre des études académiques dans le style de *Michel-Ange*.

516. Deux dessins : l'un, attribué *au Peruzzi*, représente le tombeau d'un pape ; il est à la plume et au bistre ; l'autre, dans la manière *de Bandinelli*, représente saint Pierre à la porte du paradis.

517. Six dessins, savoir : le sacrifice d'Abraham, par *Pietro Testa*; saint François, par *Naldini*; deux sujets populaires, par *Taffi*, etc.

518. Neuf dessins à la plume, en cinq feuilles, sujets de batailles et autres, par *la Belle* et divers maîtres de *l'École Florentine*.

519. Six dessins de *l'École Florentine*, dont un par *Rosso*.

520. Quatre dessins de *l'École Florentine*, représentant la descente de croix, et des figures de prophètes pour orner des pendentifs ; * un dessin d'ornements, par *Benvenutto Cellini*, etc.

521. Un dessin de *l'École Florentine*, représentant la Vierge sur son trône tenant l'enfant Jésus, et adorée par deux saints et deux évêques. Ce précieux dessin est à la plume, lavé au bistre et un peu retouché au blanc.

522. Trois dessins de *l'École Florentine*, dont un

portrait de pape au crayon, une académie par *Cipriani*, et une miniature offrant un fragment de composition ; cette miniature est fatiguée en plusieurs parties.

523. Trois dessins, figures et têtes, sur papier bleu, par *Filippo Lippi*, *Laurenzo di Credi* et *Perugin*.

524. Quatre dessins en trois feuilles : deux têtes au crayon noir d'une grande vérité, de l'ancienne *École Romaine;* une tête de guerrier, par *Lelio Orsi;* et un dessin à la plume et au lavis, par *Cigoli*.

525. Composition capitale, sujet de l'adoration des Mages, dessinée à la plume, lavée au bistre, et de *l'École Romaine*. Autre composition de huit figures, représentant le Christ et la Vierge ; dessin à la plume et lavé au bistre, par *Taffi*. *

526. L'Adoration des rois, à la plume, *École de Polydore ;* * l'Ascension de la Vierge, à la plume et au lavis, attribué à *Belisario Corenzzo;* * des docteurs discutant, dessin à la plume et lavé au bistre, par *Lanfranc*. *

527. La crèche, au lavis, sur papier bleu et rehaussée de blanc, par *Biscaïno*. *

La Vierge et l'enfant Jésus, croquis au crayon rouge, par *C. Maratte*; * le sujet de l'ensevelissement de Notre-Seigneur, dessin à la plume et au lavis, présumé de *Belisario Corenzo* : * deux figures drapées, dessinées au bistre. *

528. Un dessin à la plume représentant une figure de femme, par *Raphaelino del Garbo*, * un dessin à la plume, par *Mecarino de Sienne*, offrant trois études.

529. Une feuille de dessins arabesques, à la plume et au lavis, par *J. da Adine*;* quatre sujets de l'histoire d'un pape, petits dessins à la plume et au lavis sur une feuille, *même école*.

530. Deux dessins à la plume et lavés au bistre, par *Gio Andrea Auraldo*; l'un, rehaussé de blanc, offre le sujet de la Présentation au temple; l'autre représente la Vierge, l'enfant Jésus, sainte Anne et deux religieux.

531. Deux dessins sur une feuille, à la plume et au lavis, dont un sujet d'Ascension, par *C. Roncalli*.

532. Trois dessins de *l'École Romaine*; l'un au bistre et rehaussé de blanc, d'une riche composition, mais endommagé, offre le sujet de la Circoncision; l'autre, à la plume, représente des détails d'ornements; le troisième, aussi à la plume, représente un combat naval.

533. Trois dessins : détails d'architectures à la plume et lavés au bistre, par *le Bramante* et *Jean da Udine*, et un paysage à la plume et lavé au bistre, par *Philippe Napolitain*.

534. Quatre dessins à la plume, et lavés au bistre, représentant la création d'un pape, la marche de l'Arche sainte, un groupe de dieux marins et un sujet d'histoire, dans la manière de *Zucchero*, du *Polydore*, et du *Primatice*.

535. Quatre dessins représentant la descente de croix, divers sujets pour devants d'autels, etc., par *Zucchero* et de l'école de *Vasari*.

536. Six dessins : la mort d'Adonis, par *Romanelli;* une composition, par *Solimène;* paysages et études diverses.

537. Quatre dessins : Latone métamorphosant les paysans en grenouilles, par *Romanelli;* une feuille d'études, par *le Josepin* ; un portrait d'homme au crayon, etc.

538. Trois dessins à la plume : vues de villes et compositions, dont une par *B. Franco*.

539. Deux dessins au crayon, par *le Josepin*, et deux feuilles d'études, aussi au crayon, par *Calabrèse*.

540 Quatre dessins, études et sujets, par divers artistes de *l'École Romaine*.

541. Un dessin à la plume et au lavis, par *P. Veronèse*, représentant un groupe ajusté avec un ornement d'architecture; une riche composition forme de frise, par *Le Palme*, études pour le sujet du baptême de St.-Jean, et quatre compositions à la plume et au lavis, forme de frise, par *Cesario Fambera*.

542. Un beau dessin de figures et ornements pour un plafond, par *Lattanzio Gambara*; il est à la plume, lavé au bistre et rehaussé de blanc; et cinq compositions, la plupart à la plume et au lavis, offrant différents sujets de l'Écriture sainte par *Le Palme, Tintoret, Moro*, etc.

543. Neuf dessins, dont un par *François Fonte Basso;* les autres représentant le sujet de la crèche, des caricatures et têtes sont par *Tiepolo*, ou *de son école*.

544. Une mère tenant son enfant, dessin à la plume et au lavis, par *S. Ricci;* * un dessin à la plume et au lavis, par *F. Squarsione*, représentant une femme turque*, et trois autres, par *Guardi* et *Ricci*.

545. Un portrait à la plume et deux croquis de *l'École Vénitienne*; la Vierge et l'enfant Jésus, au crayon, par *le Bassan;* *

Vénus endormie, entourée des Grâces et des Amours; * en tout cinq dessins sur trois feuilles.

546. Cinq dessins, études et compositions, à la plume ou au lavis, par *Le Palme* et *Paul Véronèse*.

547. Jésus au jardin des Oliviers, dessin à la plume et au bistre, par *G. Muziano*; une autre composition capitale, sujet de l'Ancien-Testament, par *Cesari Rubbia d'Orvietto di Muzziano*; * un sujet mystique, à la plume, par *Fabricio Santi-Fede*.

548. Trois dessins de *l'École Vénitienne*; un repas dans une campagne, bon dessin à la plume; deux figures drapées, à la plume et au lavis; les pélerins d'Emmaüs, dessin à la plume.

549. La Sainte Famille entourée des anges, dessin à l'effet, à la plume, lavé au bistre et rehaussé de blanc, par *Fonte Basso*, et deux autres à la plume, par *Pietro, Ant. Novelli*, représentant Hercule et Omphale, et diverses études de têtes.

550. Quatre dessins: études d'enfants, au crayon, par *le Pontorme*; une composition capitale, par *Paul Farinati*; composition de deux figures à la plume et au lavis, par *P. Véronèse*, etc.

551. Trois sujets divers de l'Écriture sainte, à la plume et au lavis, par *Tintoret* et *de son école*.

552. Sept croquis, la plupart par *Le Palme*, offrant diverses figures et compositions, dont la chaste Suzanne, Judith, la Descente de croix.

553. Cinq paysages, par *Marco Ricci* et *Guardi;* les uns à la plume seulement, les autres à la plume et au lavis.

554. Quatre dessins d'architecture : vues de Venise et compositions, par *Bibienna*, *Canaletti* et *Jacob de Joere*. *

555. Un dessin à la plume et au lavis, par *Procaccini*, représentant saint François; * un autre dessin de la même manière, représentant un saint à genoux; * une marche triomphale, * et diverses études de têtes et sujets, par *Ligozzi*, *le Cangiage*, etc.

556. Un dessin par *Ghirolfi*, sujet inconnu; * une étude pour un Christ; une danse d'enfants, dessin à la plume, par *Camille Procaccini*, et deux croquis, dont une Sainte Famille, *École de Lelio Orsi*.

557. Trois feuilles de croquis à la plume, représentant divers figures, groupes ou compositions; deux sont dessinées au recto et au verso.

558. Des religieuses en prière, dessin à la plume et lavé au bistre, attribué à *Badalocchio;* une riche composition, par *Berthoia;* trois figures assises et dans l'étonnement, dessin d'une plume large et lavé au bistre, manière du *Cangiage.*

559. Deux dessins au crayon rouge, dont un attribué *au Corrège,* représentant la Vierge et l'enfant Jésus.

560. Deux dessins rehaussés de blanc; l'un offre une allégorie, l'autre le sujet de la résurrection de Lazare. Trois croquis divers sur une feuille, tête de femme et compositions à la plume, au lavis et au crayon, *École de Parme;* un petit dessin à la plume et au lavis représentant la Sainte Famille, *même école.*

561. Jésus entouré d'une gloire d'anges et de saints, apparaissant à la Magdeleine, dessin à l'effet, à la plume, lavé au bistre et retouché au blanc, *École de Parme;* étude d'une figure de femme au crayon et lavée au bistre; une assemblée de philosophes, contr'épreuve d'un dessin au crayon rouge, par *Procaccini,* et un dessin à la plume, lavé au bistre, et rehaussé de blanc, sujet du frappement du rocher, par *Lucio Massari.*

562. Six dessins, études, croquis et compositions, représentant la Sainte-Famille et autres sujets; par *Cangiage, Schidone,* etc.; la plupart sont à la plume et au lavis.

563. Cinq dessins à la plume et lavés au bistre, représentant une marche de caravanne, une Sainte Famille, la décoration d'un plafond, et une cavalcade, par *Schidone, Procetti, Vetmiglia, Procaccini.*

564. Trois feuilles de croquis offrant cinq sujets de l'*École du Guerchin,* de *Perrin del Vague,* etc.

565. Le sujet de la crèche, au crayon rouge, *École des Carrache;* un cavalier et quelques militaires; dessin à la plume et au lavis, à l'encre de la Chine, par *Jean Martens;* la Magdeleine aux pieds de Jésus-Christ, chez le Pharisien, dessin à la plume, au lavis et rehaussé de blanc, par *Geminiani,* et un dessin pour le tombeau d'un cardinal, par *S. Cannacci.*

566. Une femme en contemplation, dessin au bistre au pinceau, par *M. Cerezo,* et études pour le sujet de la Sainte Famille, à la plume, et lavées au bistre.

567. Quatre dessins à la plume, au lavis, et de l'*École du Carrache,* représentant le sujet de la

crèche, la bénédiction donnée par un évêque, saint François en prière, etc.

568. Trois feuilles d'études, à la plume et au bistre, par *Le Guide* et *Gandolfi il Vecchio*.

569. Deux saints à genoux et en adoration devant la Vierge et l'enfant Jésus, que l'on voit dans une gloire et entourés d'anges; dessin à la plume et au bistre, rehaussé de blanc, par *Mazzuoli*, dit *il Bastarlono*;* un croquis à la plume et à l'encre de la Chine, par *B. Lutti*, représentant la Vierge et l'enfant Jésus adorés par les anges.

570. Cinq croquis à la plume et au crayon, par *S. da Pezarès*, et dans la manière du *Carrache* et de *Sabatini*.

571. Cinq croquis: les uns à la plume ou au crayon, les autres à la plume et lavés au bistre: sujets et groupes, par *Élisabeth Sirani* et *Simon da Pezares*.

572. Quatre dessins: compositions et études, par *D. Zampieri*, *Briccio*, etc. Ces dessins sont à la plume, au lavis et au crayon.

573. Trois feuilles d'études diverses, d'une plume large, par *Passaroti*, *Aug. Carrache*, etc.

574. Des malades soignés dans une infirmerie, des-

sin au lavis et à la plume, de l'*École du Guide;** une feuille de costumes, à la plume, par *Vraucy*, et le sujet de la cène à la plume, au lavis et rehaussé de blanc, par *Bonon da Ferrara*.

575. Jolis croquis : têtes et études diverses, à la plume, par *Procaccini;** et le sujet de l'ascension de Notre-Seigneur, beau dessin à la plume et au lavis, dans la manière de *Tempeste*.

576. Cinq dessins et croquis, par *Mastellata*, *A. Pomerancio*, etc., représentant S. François; divers autres sujets, et compositions de dessins d'ornements.

577. Une feuille contenant une suite de sujets religieux, par *Tempeste* et *Lucas Kilian*.

578. Six dessins et croquis à la plume, au lavis et au crayon offrant des compositions diverses, dont deux sujets militaires, par *Simonini*, et deux petits dessins représentant la Vierge et saint Jean, par *Bartolozzi*.

579. Un paysage à la plume, où l'on voit un grand arbre sur le devant, par *Gobbo de Carrache;* un paysage à la plume et au lavis, *École de Bologne;* une place publique, dessin à la plume et au lavis, par *A. Tassi*.

580. Deux jolis paysages à la plume, avec figures,

tenant au style de *Silvestre* et de *Callot*, par *Matiolus*.

581. Deux dessins à la plume et au lavis; l'un représentant l'intérieur de la maison de Michel-Ange : il est signé *Rossi*; l'autre est une composition pour une toile de fond, par *Mauro Tesi*.*

582. Quatre dessins d'architecture, à la plume et au lavis, par *Mauro Tesi* et de l'*École de Bibiena*.

583. Quatre dessins à la plume: caricatures et portraits, par *Ghezzi*, et dans sa manière.

584. Une caricature, à la plume, légèrement lavée au bistre, par *Flaminio Torre**, et deux autres caricatures, dessins de l'*École de Bologne*.

DESSINS
DES ANCIENNES ÉCOLES
FLAMANDE, ALLEMANDE ET HOLLANDAISE.

ASPRUCK (Franciscus).

585. Deux dessins sur une feuille, représentant Suzanne et les deux vieillards ; Joseph et la femme de Putiphar. Ces dessins portent la date de 1603.

ASSELYN (Jean).
Né vers 1610, mort en 1660.

586. Joli dessin, lavé à l'encre de la Chine, représentant un paysage orné de fabriques et de figures.

BEHAM, ou BOHEM (Sebald).
Né en 1500, vivait encore en 1548.

587. Une miniature très curieuse : elle offre treize compositions. Au milieu, on voit la Vierge et Jésus-Christ sous un péristyle de colonnes gothiques qui laissent apercevoir un paysage. Ce sujet est entouré de onze autres tirés de la Passion; et, dans la partie du bas, on remarque les donataires et leur famille à genoux près du Christ en croix. La bordure de cette miniature,

qui date du même temps, est curieuse, et prouve que cet objet servait à la décoration d'un autel.

BERGHEM (Nicolas Klaas, dit).

Né en 1624, mort en 1683.

588. Un dessin au crayon rouge, représentant un paysage, avec figures et animaux : on y remarque en avant une femme tenant son enfant, et, plus loin, un pâtre conduisant son troupeau. Ce dessin est plein d'esprit et légèrement indiqué.

BLOEMAERT (Abraham).

Né en 1564 ou 1567, mort en 1647.

589. Un dessin à la plume, au lavis et rehaussé de blanc ; sujet de l'apparition aux bergers.

BREEMBERG (Bartholomé).

Né en 1620, mort en 1660.

590. Vue prise en Italie, dessin à la plume et au lavis.

591. Un paysage très fin à la plume et au lavis.

BREUGHEL DE VELOURS (Jean Breughel, dit).

Né en 1589, mort en 1642.

592. Un paysage montagneux avec figures, dessin précieux à la plume. *

DESSINS.

BREUGHEL LE VIEUX (Pierre Breughel, dit), père du précédent.

593. Quatre dessins, à la plume sur papier blanc, représentant des allégories sur la superbe, l'avarice, la gourmandise.

594. Le portrait du peintre P. Hoeck, représenté dans son atelier, et debout près de son cheva-valet; ce dessin, très fin, est à la plume. *

BRIL (Paul).
Né en 1556, mort en 1626.

595. Un paysage, vue prise en Italie, légèrement indiquée, à la plume et lavé. *

596. Un paysage à la plume et au lavis. *

597. Un autre paysage aussi à la plume et au lavis : on y remarque un ermite.

CALVART (Denis).
Né en 1552, mort en 1619.

598. Un précieux dessin colorié sur papier de couleur, sujet de l'Adoration des bergers. *

599. Un dessin à la plume et au lavis, représentant deux pélerins à genoux. *

CRAYER (Gaspard de)
Né en 1582, mort en 1669.

600. Plusieurs saints près du trône de la Vierge, dessin à la plume et lavé à l'encre de la Chine. *

DIETERICH (Chrétien-Guillaume-Ernest).
Né en 1712.

601. Deux dessins à la plume et lavés au bistre; l'un, très capital, a pour sujet la Présentation au temple; l'autre représente la Descente de croix.

602. Croquis pour la composition des musiciens ambulants gravée par Wille.

DURER (Albert), peintre et graveur.
Né en 1470, *mort en* 1528.

La suite nombreuse de dessins, de compositions et d'études d'Albert Durer, que nous allons décrire, est très remarquable. Les dessins et les compositions brillent par le sentiment et par une facilité de plume dignes des plus grands maîtres d'Italie. Les études très variées donnent une idée de l'étendue des connaissances et de la science profonde de ce grand artiste ; elles lui méritèrent l'estime de Raphaël, et Marc-Antoine copia ses ouvrages. Les dessins d'Albert Durer étant très rares et très recherchés, les amateurs apprécieront tout l'intérêt qu'offre une suite aussi variée et aussi considérable.

603. Un dessin riche de composition, représentant la Vierge assise sur un trône, et tenant l'enfant Jésus sur ses genoux. Elle est entourée d'anges, de saints et de saintes. Ce dessin est légèrement tracé à la plume, et brille par la finesse et le sentiment des indications. *

DESSINS. 159

604. Très beau et capital dessin légèrement indiqué à la plume, offrant le même sujet que le précédent.

605. Précieux dessin, même sujet que les deux précédents.

606. Précieux dessin à la plume et légèrement colorié, offrant un sujet mystique : Jésus-Christ y est représenté sur la croix et dans une gloire ; autour de lui, et sur des nuages, on remarque le Saint-Esprit, les patriarches et des saints. *

607. Cinq dessins à la plume, représentant l'accouchement de la Vierge, le Christ au jardin des Oliviers, le Christ portant sa croix, le Christ descendu de la croix, et l'ensevelissement du Christ.

608. Deux précieux dessins à la plume et légèrement coloriés, offrant l'un et l'autre le sujet de la Visitation.

609. Deux dessins à la plume, offrant l'un et l'autre la Vierge et l'enfant Jésus; dans l'un, ce groupe est placé au milieu de ruines ; dans l'autre, il est placé dans la maison de saint Joseph.

610. Trois feuilles d'études dont deux pour le sujet de la Vierge tenant l'enfant Jésus; l'autre offre deux anges tenant la Sainte Face.

611. Deux feuilles d'études à la plume; l'une représente la Sainte Famille; l'autre la Vierge et l'enfant Jésus sur un trône, et entourés d'anges, de saints et de saintes.

612. Deux jolies feuilles d'études à la plume, pour le sujet de la Vierge tenant l'enfant Jésus.

613. Deux feuilles d'études : sur l'une sont deux compositions pour la Sainte Famille et pour le sujet du Christ en croix; l'autre représente un homme crucifié.

614. Deux feuilles d'études à la plume; l'une offre, au recto, un guerrier cuirassé tenant une masse d'armes, et appuyé sur son bouclier; au verso sont quelques croquis. L'autre feuille offre diverses études séparées, savoir : une Sainte Famille, et un paysan sur son vieux cheval et jouant de la cornemuse.

615. Un religieux assis dans l'intérieur d'un cloître et occupé à écrire, dessin précieux à la plume.

616. Une feuille d'études à la plume et coloriées, représentant un evêque et une religieuse.

617. Deux feuilles offrant trois études sous divers points de vue, d'après une jeune fille, dans le costume du temps; * une autre étude d'après une jeune femme. Ces études sont légèrement coloriées.

618. Un paysage sauvage, dessin à la plume; * un petit croquis à la plume, vue de quelques monuments d'une ville; cinq autres paysages à la plume, études d'après nature.

619. Trois précieuses feuilles d'études à la plume: sur l'une, l'on voit au recto un portrait se détachant sur un fond de ville, et au verso l'église de Saint-Michel d'Anvers; sur la seconde, un portrait d'homme se détachant sur un fond de paysage, et au verso la maison de ville d'Aix-la-Chapelle; sur la troisième, deux têtes de femmes au recto et deux au verso.

620. Un portrait d'homme de grandeur de nature et de profil; il est dessiné au crayon et porte la marque *Maximilien*, 1507.

621. Une tête de femme, de profil, à la plume; * une autre tête de femme de profil.

622. Étude à la plume, d'après un chien lévrier. * Une feuille d'études à la plume offrant au recto un lévrier en repos, et au verso, deux études de femmes dans le costume du temps.

623. Quatre belles études d'oiseaux à la plume: on y remarque un aigle et un vautour.

624. Deux feuilles d'études à la plume: sur une, on voit trois caricatures, une étude de draperie et une étude d'après un chien barbet; * sur

l'autre, un enfant monstre ayant deux têtes, deux corps, quatre bras, quatre jambes.

625. Trois feuilles d'études; deux d'ornements à la plume sur papier blanc, la troisième de draperie aux crayons noir et blanc, sur papier coloré.

626. Quatre feuilles d'études; deux de divers détails sur papier blanc, une de draperie sur papier bleu, la quatrième d'un sabre à riche poignée.

GOLTZIUS (Henri).
Né en 1558, mort en 1617.

627. Un dessin à la plume et rehaussé de blanc, représentant l'Adoration des mages. Ce dessin, d'une riche composition, est traité à l'imitation des maîtres italiens.

628. Un autre dessin rehaussé de blanc, représentant une bacchanale.

HEMSKERK (Martin).
Né en 1498, mort en 1574.

629. Un sujet allégorique, riche composition à la plume et au lavis. *

HOLBEIN (Jean).
Né en 1485, mort en 1554.

630. Trois médaillons, portraits à l'encre de la Chine, et rehaussés de blanc.

JORDAENS (Jacques).
Né en 1594, *mort en* 1678.

631. Dessin capital coloré au lavis et gouaché, produisant l'effet d'une esquisse peinte. La composition, très riche et variée dans les mouvements et les expressions, offre le sujet des vendeurs chassés du temple. Ce dessin peut être considéré comme un des plus importants et des plus parfaits du maître. *

LAIRESSE (Gérard de).
Né en 1640, *mort en* 1711.

632. Deux dessins à la plume, riches de composition, offrant des scènes de sorcellerie.

633. Un sujet d'histoire indiqué avec sentiment, sur papier de couleur.

LINGELBAC (Jean).
Né en 1625.

634. Précieux dessin à la plume et au bistre, représentant l'intérieur d'un parc; on y remarque plusieurs figures touchées avec esprit, et qui donnent de la variété et du piquant au point de vue.

LUCAS DE LEYDE.
Né en 1494, *mort en* 1533.

635. Dessin très fin, à la plume et au lavis, représentant la Vierge et l'enfant Jésus. *

LUYKEN (Jean).

Né en 1649, mort en 1712.

636. Un dessin représentant la huitième plaie d'Égypte, les sauterelles couvrant les campagnes. *

637. Un autre dessin représentant une caravanne.

638. Trois sujets allégoriques sur une feuille.

METZU (Gabriel).

Né en 1615, mort en 1658.

639. Dessin large et à l'effet, fait au lavis et rehaussé de blanc, représentant un intérieur de forge. *

OSTADE (Adrien Van).

Né en 1610, mort en 1685.

640. Intérieur de chambre rustique, dessin à la plume et colorié. *

641. Un dessin à la plume et au lavis, représentant une fête de village. *

642. Deux dessins à la plume et au lavis; l'un offre un intérieur de chambre rustique, avec figures, l'autre un marchand de lunettes dans une rue de village; un petit croquis représentant des jeux de paysans.

PENTZ (Grégoire Peins, nõmmé communément Georges).

Né en 1500, mort en 1556.

643. Un beau dessin à la plume, lavé au bistre et rehaussé de blanc, représentant Jésus au jardin des Oliviers, au moment où il est trahi par Judas Iscariote.

644. Dessin à la plume, lavé au bistre, représentant saint Christophe. *

POTTER (Paulus).
Né en 1625, mort en 1654.

645. Un dessin très important et de la plus belle manière, à la plume et lavé au bistre, représentant un taureau et quelques vaches dans un paysage. *

646. Des cochons près d'une étable, dessinés à la plume, sur papier blanc.

RADEMACKER (Abraham).
Né en 1675, mort en 1735.

647. Deux paysages à la plume, et lavés à l'encre de la Chine. *

REMBRANDT (Van Ryn).
Né en 1606, mort en 1674.

648. Un dessin d'un effet large, à la plume et lavé au bistre, représentant Tobie s'apprêtant à

donner la sépulture aux Juifs; on aperçoit des Assyriens dans l'éloignement.

649. Un dessin d'une plume large, sujet du denier de César.

650. Un dessin à la plume et au lavis, représentant le combat de David et de Goliath.

651. Un autre dessin, aussi à la plume et au lavis, sujet du Christ à la colonne.

652. Dessin très fin et riche de composition, représentant le paiement de l'impôt; ce dessin est à la plume, lavé au bistre et à l'encre de la Chine.*

653. La mère de Rembrandt endormie, tenant un livre et ses lunettes, dessin très précieux, à la plume et lavé au bistre. *

654. Un dessin à la plume et lavé au bistre, représentant une tabagie. *

655. Un dessin à la plume, représentant un sujet allégorique.

656. Un lion en repos, vu de profil, dessin précieux, à la plume et lavé au bistre. *

657. Un dessin à la plume et lavé au bistre, représentant un paysage.

658. Sept jolis dessins, croquis, compositions et études diverses, par *Rembrandt* et de *son école*.

659. Cinq autres, aussi de *Rembrandt* et de *son école*, dont quelques-uns au lavis ou coloriés.

ROTTENHAMER (Jean).
Né en 1566, *mort en* 1604.

660. Un beau dessin, riche de composition, à la plume, au lavis et légèrement colorié, représentant l'Ascension de la Vierge. *

RUBENS (Pierre-Paul).
Né en 1577, *mort en* 1640.

661. Un croquis légèrement tracé, au crayon et à la plume, d'après nature ; on y remarque, au premier plan, et parmi plusieurs indications très faibles, une femme à genoux et dans la désolation, les bras étendus et les yeux levés au ciel. Cette figure, pleine d'expression, est écrite avec sentiment, et d'une manière plus arrêtée et plus ferme que les autres études qui l'accompagnent.

SNAYERS (Pierre).
Né en 1593, *travaillait encore en* 1662.

662. Un grand dessin au trait, au crayon rouge, représentant un combat de cavalerie.

TÉNIERS *le jeune* (David).
Né en 1610, *mort en* 1694.

663. Un croquis au crayon noir, représentant un militaire et un autre personnage.*

664. Deux autres feuilles de croquis, aussi au crayon noir, offrant trois figures. *

665. Un dessin très fin, au crayon noir, sur vélin, représentant un paysage avec figures.

VALKENBORCH (Lucas Van).

Né en 1530.

666. Vue perspective d'un riche pays, au milieu duquel on aperçoit la ville de Lintz, où Valkenborch fut long-temps employé et protégé par le duc Matthieu. Au bord d'une rivière, en avant, on remarque un paysan, et l'artiste occupé à dessiner; ce dessin est à la plume et au lavis; il porte la date de 1593.

VISSCHERS (Corneille).

On le croit né vers 1620. Il mourut vers la fin du 17ᵉ siècle.

667. Portrait d'une jeune fille, au crayon noir, sur papier blanc, dessin terminé et plein de vérité.

VOS (Martin de).

Mort fort âgé, en 1604.

668. Un précieux dessin, riche de composition, offrant un sujet mystique : on y voit dans le haut de la composition la Vierge sur un trône, et tenant l'enfant Jésus; sur les marches du

trône on remarque saint Pierre, saint Paul, sainte Catherine et d'autres saints et saintes; et plus bas, des papes, des cardinaux, des rois, des reines et beaucoup d'autres personnages. Ce dessin est à la plume et au lavis. *

LOTS DE DESSINS DE DIFFÉRENTS MAITRES

DES ÉCOLES FLAMANDE, ALLEMANDE ET HOLLANDAISE.

669. Un dessin, sujet allégorique, lavé à l'encre de la Chine, par *Quellinus;* une composition par *Van Orley*, sujet inconnu; le dessin d'une cheminée gothique, par *Jérôme Hopfer.*

670. Une étude à la plume, représentant un religieux, par *Swart;* * un dessin rehaussé de blanc, personnages et architecture, par *Albert Altorfert;** un dessin à la plume et légèrement colorié, par *Israël Meckel*, et deux autres dessins, offrant des compositions diverses de *l'École allemande.*

671. Un dessin par *Daniel Lindemacker*, portant la date de 1572; un dessin de *l'École allemande*, à la plume, sur papier bleu et rehaussé de blanc, représentant divers sujets de la Passion; une étude de la même école, représentant une femme nue.

672. Cinq dessins et croquis, à la plume et au crayon, par *Franc Flore*, *Van Orley*, etc.

673. Six dessins, sujets d'histoire et autres, par *Jean de Mabuse*, *Kilian*, *Cranack*, etc.

674. Sept dessins, compositions diverses, par *Biskop Spranger*, etc.

675. Trois croquis à la plume, par *J. Lievens*, *Rombouts* et *Dussaërt*, et un portrait d'homme, colorié, non terminé, par *Ph. de Champagne*.

676. Trois sujets divers, dessinés à la plume et au lavis, et une feuille dessinée au recto et au verso, offrant trois croquis, par *des artistes allemands inconnus*.

677. Six dessins, paysages coloriés et à l'encre de Chine, par *Paul et Mathieu Bril*, *Sadeler*, *Van Uden* et *Lievens*.

678. Quatre dessins, paysages et marines, au crayon et à la plume, par *Van Goyen*, *B. Péters*, *R. Savery*, *Vandevelde*.

679. Huit paysages, par *Breughel*, *B. Breemberg*, *R. Savery*, *Van Uden*, etc.

680. Cinq paysages à la plume, au lavis et au crayon, par *Waterloo*, *Van Achen*, *Houbraken*.

681. Quatre paysages, par *J. de Heuss*, *Breemberg* et *Vander Hagen*.

682. Huit marines et paysages, par *Bonaventure Péters, Breughel, Vander Kabel*, etc.

683. Un dessin, paysage et marine, par *W. Vandevelde;* * deux croquis au crayon et à la plume, par le même, et une marine légèrement coloriée, par *W. Baur.* *

684. Un paysage à la plume et lavé au bistre, par *de Vlieger;* deux paysages, au crayon et au lavis, par *Herman, Sacht-Leven,* et un paysage à la plume avec figures, par *Flamen.* *

685. Deux paysages à la plume et au bistre par *Van Uden;* un dessin à la plume, représentant un paysages avec cascades, par un peintre de *l'École allemande,* et un autre paysage, aussi à la plume, légèrement lavé à l'encre de la Chine, et de la *même école.*

686. Un dessin à la plume et au lavis, paysage, attribué à *Moucheron;* * un dessin, paysage et animaux, à la plume, par *Otto Marseus;* * un dessin à la plume, paysage, par *Van Borsum.*

687. Quatre paysages, par *Goffredi, Kobell, Müller* et *Dieterich,* et deux paysages d'une plume large, par *J. Lievens.*

688. Sept paysages à la plume et au lavis, par *Wagner, Latsman* et *Kobell d'Allemagne.*

689. Deux dessins à la plume et au lavis, représentant des intérieurs d'église, portant la date de 1527. Ils peuvent être attribués à *Jean de Vries*, excellent peintre de perspective et maître de *Steenwick*. Ils avaient été considérés comme étant de *Petersneefs*.

690. Quatre dessins coloriés, sur une feuille, offrant des études de figures, et deux feuilles d'études, au crayon noir, par *Jean Miel*.

691. Deux études d'après des vaches, par *Vandevelde*; une étude d'après un cerf, par *Weninx;* * une étude de brebis, par *Vander Doës*, et une autre par *Roos*, représentant un taureau furieux.

692. Une feuille de diverses belles études d'ensemble et de détails, d'après des lions et des lionnes; elles sont à la sanguine, sur papier blanc.

693. Quatre dessins, sujets militaires et batailles, par *Tempeste*, de *Hondt*, etc.

694. Une jeune femme portant son enfant, joli dessin à l'estompe et aux deux crayons, par *Josué Reinolds*, artiste anglais célèbre. *

DESSINS

DE L'ÉCOLE FRANÇAISE (1).

BOISSIEU (Jean-Jacques de), peintre, dessinateur et graveur à l'eau-forte.

Né en 1738, mort il y a plusieurs années.

695. Dessin d'un effet piquant, à la plume et au lavis, représentant quelques fabriques en ruines près d'une route.

696. Un dessin très fin, à l'effet, au lavis, représentant cinq buveurs. *

697. Un dessin d'un effet large et piquant, à la plume et au lavis, représentant un pont en ruine.

698. Un dessin d'un effet large et fin d'exécution, représentant un chemin près d'une carrière; on y remarque quelques figures.

699. Très belle contre-épreuve à la sanguine, représentant une tête de vieillard. *

(1) Les dessins, compositions et études diverses de M. Denon, forment une section qui termine la description des dessins, et précède celle des miniatures.

BOUCHARDON (Edme).
Né en 1698, mort en 1762.

700. Un dessin très fin, à la sanguine, composition de neuf figures, d'après un *onix de la galerie de Médicis.*

701. Deux dessins à la sanguine, pour des médailles de la *suite métallique de Louis XV.*

702. Un croquis à la mine de plomb, sur papier blanc, représentant un vieillard assis.

703. Deux académies au crayon rouge, études pour la figure, représentant l'Été.

BOUCHER (François).
Né en 1704, mort en 1770.

704. Dessin aux trois crayons, représentant Vénus et l'Amour.

705. Deux têtes de jeunes filles, dessinées aux trois crayons.

BOURGUIGNON (Jacques Courtois, dit le).
Né en 1621, mort en 1676.

706. Un charmant dessin, plein d'effet, à la plume et lavé au bistre, représentant un combat de cavalerie. *Forme de frise.* *

707. Un autre dessin, vigoureux d'effet, et dans la même manière, représentant un choc de cavalerie. *

708. Deux dessins à la plume et lavés au bistre, représentant des paysages avec figures. Ces dessins sont un peu fatigués.

709. Deux dessins, forme de frise, sur une feuille, à la plume et au lavis, représentant un combat de cavalerie, et diverses études de têtes de chevaux. *

710. Un croquis à la plume et au lavis à l'encre de la Chine, sujet militaire.

CALLOT (Jacques).

Né en 1592, mort en 1635.

711. Un dessin très fin, à la plume, représentant des voyageurs rançonnés par des brigands. *

712. Trois feuilles de fantaisies et études diverses, à la plume.

713. Une caricature, dessinée à la plume et au lavis au bistre, composition de cinq figures grotesques.

714. Des militaires secourus après une bataille, dessin à la plume et au lavis. *

715. Un cavalier et une dame à la promenade et suivis de leur page, dessin à la plume. *

716. Un léger croquis, représentant un combat dans une ville.

COUSIN (Jean).
Était fort avancé en âge en 1589.

717. Un dessin très capital, à la plume et au lavis, offrant plusieurs sujets de l'Écriture Sainte, et des figures d'apôtres et de saints encastrés dans une façade de colonnes d'une composition élégante. *

COYPEL (Antoine).
Né en 1661, *mort en* 1722.

718. Le portrait de *mademoiselle Lecouvreur* dans un costume tragique, dessin aux crayons noir et blanc, sur papier colorié. *

DUFRENOY (Charles-Alphonse).
Né en 1611, *mort en* 1665.

719. Une bacchanale, riche composition, tracée légèrement au crayon et lavée au bistre. *

720. Un autre dessin au crayon et lavé au bistre, exécuté dans la manière du Poussin et représentant un sujet de la fable.

721. Un dessin à la sanguine et à l'effet, représentant des nymphes et des bergers dans un paysage historique.

FAGE (Raimond de la).
Né en 1648, *mort en* 1690.

722. Un dessin à la plume, représentant la mort d'Abel. *

723. Deux autres, représentant des bacchanales.

724. Un dessin à la plume, représentant David tuant Goliath.

725. Un autre, représentant le Massacre des Innocents.

726. Un petit dessin à la plume et au lavis, représentant une nymphe et deux amours.

727. Composition pour une statue équestre, dessin à la plume et au lavis; un dessin à la plume et au lavis, représentant l'ombre de Samuel évoquée par Saül. Ces deux dessins sont aussi attribués à *Julien de Parme.*

FRAGONARD (Jean-Honoré).

Né en 1731, mort en 1806.

728. Une suite de dix-neuf sujets tirés du roman de *Don Quichote;* ils sont tracés légèrement au crayon et massés au lavis, au bistre. On voit dans ces dessins combien l'auteur a été inspiré par le génie de *Michel Cervantes.*

729. Dessin au lavis, au bistre, représentant un turc assis. *

730. Un dessin au lavis, au bistre, représentant une voûte où sont plusieurs groupes de figures.

731. Un autre dessin, dans la même manière, représentant un bœuf dans son étable.

732. Une scène familière, rendue avec esprit et à l'effet, au lavis, au bistre, représentant la réprimande du grand papa.

733. Un dessin plein d'esprit, lavé au bistre, représentant une partie sur l'eau.

734. Un croquis à la plume et au bistre, représentant la Sainte Famille;* et un autre dessin, du même genre, *de forme ovale.*

735. Une étude au lavis, d'après un jeune garçon assis et tenant une poêle.

736. Un dessin à la plume et au lavis, au bistre, représentant un escalier sous des voûtes.

737. Deux croquis au bistre, représentant, l'un quelques monuments en ruines dans un jardin, l'autre un intérieur de bergerie; trois croquis à la sanguine, sujets et figures.

GELÉE (Claude, dit le Lorrain).

Né en 1600, mort en 1682.

738. Un dessin de la plus belle manière du maître et de la plus heureuse composition. Il offre un paysage d'un style noble, où l'on remarque un temple antique au milieu d'arbres élevés et entourés d'un lac qui mène à un fond de montagnes. En avant on voit des pâtres et leurs troupeaux. Ce dessin est un des plus précieux que l'on puisse rencontrer du maître. *

739. Un précieux dessin à la plume et au lavis, au bistre, d'un effet vigoureux, représentant un paysage d'une vaste étendue, au milieu duquel on voit un bouquet d'arbres élevés; en avant on remarque des pêcheurs au filet. *

740. Un paysage d'une vaste étendue, dont les devants sont dans une large demi-teinte; on y remarque quelques figures. Ce dessin est à la plume et au lavis. *

741. Précieux dessin à la plume et lavé à l'encre de la Chine et au bistre, représentant un paysage; en avant, sur une colline couverte d'arbres, on remarque des buffles; dans l'éloignement on apperçoit la pleine mer.

742. Dessin d'un effet harmonieux, à la plume et au lavis ou l'artiste a représenté au milieu d'un paysage agreste le sujet de la fuite de la Sainte Famille. Ce dessin a été altéré par l'humidité dans quelques parties.

743. Dessin largement touché, à la plume et lavé au bistre et à l'encre de la Chine, représentant une rivière entourée d'arbres. On remarque quelques figures de pêcheurs.

744. Un précieux dessin mêlé de crayon et de lavis, représentant un paysage orné de fabriques et de groupes d'arbres, et au milieu duquel on

remarque une rivière; on voit en avant un pâtre gardant son troupeau.

745. Un croquis à la plume et légèrement lavé à l'encre de la Chine, d'après le *château Saint-Ange*, à Rome.

746. Dessin à la plume, légèrement lavé au bistre et à l'encre de la Chine, attribué à *Gelée*; il représente une vue prise en Italie; on y remarque diverses fabriques sur une montagne couverte d'arbres. Un autre dessin, aussi attribué à *Gelée*, représentant la lisière d'un bois; ce dessin est à la plume, au crayon noir, et lavé à l'encre de la Chine.

GILLOT (Claude).
Né en 1673, mort en 1722.

747. Un dessin à la sanguine, d'une composition singulière, représentant une danse d'êtres fantastiques, de démons et de sorcières.

748. Croquis au crayon et à la plume, représentant des tireurs de fusil.

GIRODET-TRIOSON (Anne-Louis).
Né en 1767, mort en 1824.

749. Le portrait de M. David, de profil et vu en buste, dessin exécuté d'une manière fine et précieuse, au crayon noir, sur papier blanc.

750. Portrait d'une jeune femme, presque de face et vue à mi-corps : elle est coiffée d'un fichu tourné autour de sa tête, et vêtue d'une robe noire. Ce dessin, plein d'effet et de charme, est terminé au crayon et à l'estompe, sur papier blanc.

GREUZE (Jean-Baptiste).

Né en 1734, mort en 1807.

751. Esquisse à la plume et au lavis, sujet familier, composition de trois figures dans un intérieur rustique.

752. Croquis au crayon pour un sujet familier, composition de quatre figures.

753. Un dessin au lavis et rehaussé de blanc, sur papier de couleur, représentant l'Amour constant couronné, esquisse pour un tableau.

754. Esquisse au crayon et au lavis, représentant dans une chambre rustique, une mère présentant le sein à son enfant.

755. Une esquisse pour un sujet d'histoire, légèrement indiquée au crayon, sur papier bleu.

756. Cinq têtes dessinées au crayon rouge, études d'après nature.

757. Un dessin à l'estompe et aux crayons noir et blanc, représentant l'intérieur d'une chambre.

HALLÉ (Noel).
Né en 1711, mort en 1781.

758. Le portrait de M. Denon dans sa jeunesse ; il est en buste et de trois quarts ; ce portrait est exécuté aux pastels fixés.

HUET (Christophe).
Né vers 1737.

759. Trois études sur une feuille, d'après des chèvres et des moutons ; deux au crayon, une au lavis.

HUET (J.-B.).
Né vers 1749.

760. Dessin au pastel, représentant une jeune fille dans un paysage et jouant avec un mouton ; un autre, dans la même manière, représentant un jeune paysan passant un ruisseau avec deux moutons.

761. Un dessin au crayon et au pastel, représentant la basse-cour d'une ferme, avec figures et animaux ; un dessin au pastel, représentant un coq et des poules.

HYRE (Laurent de la).
Né en 1606, mort en 1656.

762. Un paysage sauvage où l'on remarque un religieux, dessin très piquant d'effet, au lavis, au bistre. *

763. Études d'après nature, au crayon noir, pour le sujet du crucifiement. *

764. Un dessin, *de forme ovale*, au crayon noir, sujet de l'éducation de la Vierge.

765. Joli croquis à la sanguine, représentant la Vierge et l'enfant Jésus.

LALLEMAND (J.-B.).

Né vers 1730.

766. Une aquarelle, vigoureuse d'effet, représentant l'éruption de l'Etna, du 18 mai 1780.

767. Quatre aquarelles, représentant des ports de mer et vues diverses, dont l'intérieur de la Dorsenne, le petit Mole et Castel-Nuovo.

768. Deux dessins à la plume et lavés à l'encre de la Chine, représentant deux vues du pont de Caligula.

769. Deux autres, représentant des intérieurs de ports de mer.

770. Deux aquarelles, représentant des bords de la mer.

771. Quatre dessins à la plume et à l'encre de la Chine, représentant aussi des bords de la mer.

LAULNE (Étienne de).

Né en 1510, vivait encore en 1590.

772. Un dessin très fin, à la plume et au bistre, riche de composition, sujet de la Tentation de saint Antoine. *

LOIR (Nicolas).

Né en 1624, mort en 1679.

773. Un dessin à la plume et au lavis, à l'encre de la Chine, représentant le repos de la Sainte Famille. *

774. Un dessin dans la même manière, sujet de Moïse trouvé par la fille de Pharaon. *

775. Un dessin à la plume et lavé au bistre, représentant le repos de la Sainte Famille.

LOUTHERBOURG (Jacques-Philippe).

Né en 1730, mort en 1813.

776. Un dessin légèrement indiqué, au crayon et lavis, au bistre, représentant un paysan assis et jouant de la flûte; son troupeau est près de lui.

MOINE (François le).

Né en 1688, mort en 1737.

777. Précieux dessin colorié, pour le plafond des travaux d'Hercule que l'on voit à *Versailles*. *

DESSINS.   185

MOUSTIER *père* (Daniel du).

Né vers 1550, *mort en* 1631.

778. Portrait du cardinal d'Amboise, dessin plein de vérité, aux deux crayons. *

779. Quatre portraits pleins de vérité, de divers personnages du temps ; ils sont aux deux crayons ; deux de ces dessins portent aussi le caractère des ouvrages de *Janet*.

PAUTRE (Pierre le).

Né en 1659, *mort en* 1744.

780. Groupe dessiné à la plume, représentant Énée portant son père et suivi d'Ascagne. *

PÉRIGNON (Nicolas).

Né en 1726, *mort en* 1782.

781. Un paysage champêtre, précieux dessin à la plume et légèrement colorié au lavis.

782. Cinq croquis d'après nature, représentant des paysages et des marines ; les uns coloriés, les autres seulement au crayon.

POUSSIN (Nicolas).

Né en 1594, *mort en* 1665.

783. Un beau et capital dessin, de la manière la plus arrêtée et à l'effet, sujet de l'Adoration

des rois; il est à la plume et au lavis, au bistre. *

784. Un dessin très remarquable : dans un paysage du plus beau style, on voit, en avant, Apollon gardant les troupeaux d'Admète ; et plus loin, des nayades et des satyres. Ce dessin poétique et du plus grand style, est à la plume, le tremblement de la main indique que ce dessin est des derniers temps du maître. *

785. Un beau dessin à la plume et au lavis, riche de composition, sujet de la rencontre d'Eliézer et Rébecca.*

786. Une composition représentant Moïse exposé sur le Nil ; dessin à la plume et au bistre. * Une autre, dans la même manière, sujet de Moïse trouvé par la fille de Pharaon.

787. Un dessin très léger, à la plume et au lavis, représentant Moïse enfant, foulant aux pieds la couronne de Pharaon.*

788. Trois croquis à la plume, sur une feuille, dont un pour l'une des figures de la composition du jugement de Salomon. *

789. Un petit dessin à la plume et au lavis, sujet du mariage de la Vierge. *

790. Un petit dessin à la plume et au bistre, très ferme d'effet, représentant la Vierge et l'enfant

Jésus sur des nuages apparaissant à des religieux. *

791. Un dessin à la plume et au lavis, représentant des groupes de jeunes nymphes près d'une rivière. *

792. Un petite étude de paysage dessin à la plume et au bistre, très fin d'exécution. *

793. Une croquis à la plume et au lavis, représentant le supplice d'un martyr.

794. Un dessin attribué au Poussin ; il est à la plume et lavé au bistre, et représente une cérémonie religieuse près d'un péristile.

PRINCE (Jean-Baptiste le).
Né en 1733, mort en 1781.

795. Deux dessins très fins, au crayon noir ; ils représentent chacun un paysage où l'on voit un vieux soldat hongrois et ses enfants.

796. Un croquis à la plume, représentant un marchand et un vieillard dans un paysage.

PRUD'HON (Pierre-Paul).
Mort en 1823.

797. Un précieux dessin aux crayons noir et blanc, sur papier bleu ; portrait de l'archiduchesse Marie-Louise.

PUGET (Pierre-Paul), peintre, sculpteur et architecte.

Né en 1622, mort en 1698.

798. Un dessin très fin, à la plume et au lavis à l'encre de la Chine, représentant une marine; on y remarque des galères saluant un fort. *

ROBERT (Hubert).

Né en 1733, mort en 1808.

799. Dessin indiqué avec esprit et colorié au lavis, représentant des cavaliers et des paysans faisant désaltérer leurs montures à une fontaine située près d'une colonnade en ruines.

800. Un dessin à l'aquarelle et légèrement colorié, représentant une grande réunion dans une vaste salle. *

801. Un croquis à la plume et au bistre, représentant une mère et son enfant.

RUE (F-.R. de la).

Né vers 1751.

802. Trois précieux dessins à la plume et légèrement lavés au bistre et à l'encre de la Chine; deux sont gravés à l'eau-forte.

803. Un croquis à la plume et lavé au bistre, représentant des soldats jouant aux dés dans

un corps-de-garde ; un autre croquis, représentant aussi des militaires dans un corps-de-garde.

RUE (Louis-Félix de la), frère du précédent.
1757.

804. Une composition mystique, dessin précieux à la plume et au lavis.

805. Un dessin à la plume et au lavis, représentant un satyre assis au pied d'un arbre et entouré de jeunes enfants.

806. Un croquis à la plume et au lavis, groupe de satyres, femmes et enfants.

SILVESTRE (Israël).
Né en 1611, mort en 1691.

807. Huit vues diverses dessinées à la plume, une dessinée au lavis.

808. Le portrait de Sylvestre, aux crayons noir et blanc, dessiné par lui-même à 80 ans; un petit croquis de figure à la plume.

SUBLEYRAS (Pierre).
Né en 1699, mort en 1749.

809. Un croquis au crayon et à la plume, sujet de la mort de Senèque.

810. Un dessin à la sanguine, représentant deux jeunes filles tricottant. *

811. Deux dessins aux crayons noir et rouge, sur papier, représentant chacun une jeune fille assise et réfléchissant.

812. Un dessin à la sanguine, représentant la fin d'un supplice, composition de beaucoup de figures.

SUEUR (Eustache le).

Né en 1617, mort en 1655.

813. Composition capitale, légèrement indiquée, au crayon et au lavis, représentant les apprêts du martyre d'une sainte. *

814. Un dessin au crayon et à l'estompe, sur papier colorié; partie inférieure d'une composition du sujet du crucifiement. *

815. Étude d'après nature, au crayon; figure d'homme.

816. Un dessin de *Lesueur* ou de son école, à la plume et lavé au bistre, représentant une procession. *

TOUR (Maurice-Quentin de la).

Né en 1704, mort en 1746.

817. Un pastel, portrait de *Crébillon*, vu en buste et de trois quarts; ce pastel joint au mérite de l'exécution un caractère de vérité remarquable.

VERNET (Claude - Joseph).
Né en 1714, mort en 1789.

818. Un dessin capital, au crayon et au lavis, à l'encre de la Chine, représentant un rivage de la mer. On y remarque plusieurs groupes de figures, et dans l'éloignement, divers bâtiments et barques.

819. Un dessin à la plume, représentant une baie, au bord de laquelle on remarque quelques figures; un dessin au crayon rouge, représentant un paysage agreste, orné de figures.

VINCENT (François-André).
Né en 1746, mort en 1816.

820. Dessin d'une belle plume, représentant un paysan russe; études séparées, aussi à la plume, représentant un Amour et deux têtes d'homme.

WATTEAU (Antoine).
Né en 1684, mort en 1721.

821. Deux croquis à la plume, sur une feuille, représentant des personnages en robes de magistrats.

822. Un croquis aux deux crayons, représentant un joueur de guittare. *

823. Trois études sur une feuille, aux deux crayons, savoir: un joueur de flûte et deux têtes de femmes.

824. Deux études à la sanguine, sur une feuille, représentant un jeune homme et une jeune femme.

825. Deux arlequins dessinés à la plume. *

826. Une tête de jeune femme, dessinée au crayon noir; une autre, dessinée aux deux crayons. *

827. Un dessin au crayon et lavé au bistre, représentant une réunion de dames et de cavaliers faisant de la musique. Ce dessin porte aussi le caractère des productions de *Pater*.

LOTS DE DESSINS DE DIFFÉRENTS MAITRES

DE L'ÉCOLE FRANÇAISE.

828. Trois feuilles de miniatures très anciennes; l'une offre douze sujets tirés des légendes; les deux autres offrent des sujets allégoriques.

829. Une étude pour un plafond, aux crayons noir et blanc, par *Vouët*, représentant Vénus et les amours; un pontife tenant un encensoir, dessin à la plume et lavé au bistre, par *Vignon*; quelques croquis, sur une feuille, par le même, dont le sujet de la chasteté de Joseph; un croquis à la plume, sujet de la Présentation au temple, par *Quintin Varin*; un dessin aux crayons noir et blanc, sur papier blanc, par *Bernard Picard*, groupes de jeunes paysans.

830. Un dessin au crayon noir et au lavis, projet de décoration d'un bassin, par *le Brun ;* * un croquis au crayon et l'aquarelle, par S. *Bourdon,* représentant le repos de la Sainte-Famille ; un croquis au crayon rouge, par *Verdier ;* un dessin aux crayons noir et blanc, et au lavis, par le même, sujet de la Visitation. *

831. Un dessin à la plume et au lavis, par *Stella,* sujet de la Présentation au Temple ; un dessin à la sanguine, par le même, représentant un sujet mystique ; un dessin à la plume, par *Brebiette,* représentant une bacchanale.

832. Un dessin, sujet de conversation, par *Bosse ;* * un dessin très fin, à la plume, sujet religieux, par *Leclerc ;* et un dessin, dans la même manière, imitant la gravure, par *Duplessis Bertaux,* représentant une chasse au cerf.

833. Six dessins, paysages ; les uns au crayon, les autres au lavis et à la plume, dans la manière de *Claude Gelée, Ferest,* etc.

834. Neuf paysages à la plume et au lavis, et à la plume et au crayon, par *Michel Corneille, Delorge,* dans la manière du *Poussin,* etc.

835. Deux dessins, par *Natoire :* l'un représente Moïse descendant du mont Sinaï vers les Israélites, les tables de la Loi à la main ; * l'autre

représente le moment où l'intendant de Joseph visite les sacs de blé de Benjamin et de ses frères. Ces deux dessins sont à la plume et au lavis.

836. Le portrait du pape *Benoit XIV*, par *Vassé*; il est de profil et dessiné à la sanguine. Un petit dessin pour une vignette, par *Eisen*, à la plume et au lavis; un avare, dessin au bistre et rehaussé de blanc, par *Gois;* une composition, sujet de la crèche, à la plume et rehaussé de blanc, par *Lagrenée jeune*.

837. Un croquis, par *Gagneraux*, représentant un choc de cavalerie, deux dessins à la plume et au lavis, attribués au *Bourguignon*, représentant un combat de cavalerie et une indication de paysage avec quelques figures. Une étude à la plume, représentant un renard et un oiseau.

838. Un dessin aux crayons noir et blanc, sur papier bleu, représentant des cavaliers dans un paysage, par *Casanova;* une tête d'homme de profil, au lavis, au bistre, *par le même;* le portrait de *Casanova*, par lui-même, dessiné aux crayons noir et blanc, sur papier teinté; une contre-épreuve, représentant une famille de paysans dans un paysage, attribuée à *Leprince*.

839. Deux dessins à la plume et au bistre, par *Moreau* jeune, représentant de grandes réunions dans les vastes salles de l'hôtel-de-ville, à Paris.

840. Sept dessins, compositions et études, par *Julien, Vanloo* et divers maîtres de l'*École française.*

841. Deux dessins d'architecture : l'un représente l'extérieur de quelques monuments ruinés ; il est à la plume. L'autre, par *Saint-Aubin*, au lavis et à la plume, représente l'intérieur de la chapelle de Versailles ; trois paysages à la sanguine, par *Thomas;* une aquarelle non terminée, dans le goût de *Robert,* représentant la marche d'une procession.

842. Un dessin représentant la mort d'un officier près du champ de bataille sous le règne de Louis XV, et deux dessins à l'aquarelle par *B. Zix,* présentant des scènes militaires.

843. Deux dessins à la plume et légèrement colorés à l'aquarelle, par *Châtelet*, représentant, l'un le vieux château de *Rouen*, situé à l'entrée du faubourg *Saint-Sevère*, l'autre le château de *Gaillon;* un dessin à l'aquarelle, par *Barbier;* vue du village de *Gérard-Mère;* un paysage dessiné à la plume et à la sepia, par *Sarazin.*

13.

844. Quatre petits portraits en pied, par *Carmontel;* trois sont à l'aquarelle et un au crayon.

845. Petite esquisse peinte à l'huile sur papier, par *Théolon*, représentant une jeune fille assise dans une chambre rustique, * et une aquarelle, par *Carême*, représentant un satyre et une bacchante dans un paysage.

846. Un précieux dessin, au crayon et au lavis au bistre et à l'encre de la Chine, par *Boguet*, représentant un moulin à eau dans un pays montagneux, et en partie ombragé par des arbres; et une vue de la tour et du port de *Saint-Malo*, prise au moment d'une tempête, dessin aux crayons noir et blanc, sur papier coloré, par *Hue*.

847. Un dessin tracé au crayon et lavé au bistre, par *Taraval*, représentant deux nymphes dans un paysage; l'une tient une lyre; et un croquis au crayon et au lavis, par *Chaudet*, représentant un lion, composition destinée à une médaille.

848. Six contre-épreuves et un dessin, compositions et copies, d'après l'antique et les grands maîtres, par *Gounod;* un dessin au lavis et rehaussé de blanc, par *Boichot*, représentant les trois Grâces et l'Amour.

849. Un paysage historique, dessiné au crayon, par *Hennequin;* en avant on remarque plusieurs groupes de figures; un dessin non terminé, par le même; une vue de *Diemestein*, un paysage de style historique, à la plume et au bistre, par *P. Lelu.*

850. Quatre paysages au lavis et à l'aquarelle, par M. de *Marcenay*, *Claude-Henri Wattelet,* etc.

DESSINS
DES ARTISTES VIVANTS
DES DIVERSES ÉCOLES.

M. AUGUSTE.

851. Deux dessins à l'aquarelle et très terminés, représentant des oiseaux étrangers.

M. AURIOL.

852. Deux aquarelles représentant, l'une la tour *d'Arles;* l'autre l'arc de triomphe de *Saint-Remy.*

M. BERGERET.

853. Groupe de deux figures, dessiné à la plume et au blanc, et qui semble avoir été destiné à une médaille.

854. Un autre, composé dans le style des médailles antiques, exécuté à la plume et au bistre, représentant Horatius Coclès combattant sur le pont qui vient d'être rompu.

M. DAVID.

855. Un dessin à la plume et lavé à l'encre de la Chine, représentant la mère d'un soldat spartiate, lui donnant son bouclier et lui disant *reviens avec ou dessus*. Ce dessin a été fait à Naples en 1779.

856. Croquis au crayon et au lavis, pour diverses figures du serment du jeu de paume.

857. Autres croquis à la plume et au lavis, pour le même sujet.

858. Un des costumes dessinés par ordre de la convention en 1793; ce croquis est à la plume et colorié; cette pièce a été gravée par M. le baron Denon.

859. Deux croquis à la plume et lavés à l'encre de la Chine, représentant des lions.

860. Trois portraits légèrement indiqués, au crayon noir.

FORBIN (M. le comte de).

861. Deux dessins légèrement tracés au crayon, et en partie terminés d'une manière vigoureuse à l'encre de la Chine; l'un est une étude faite

à *Vienne en Dauphiné*, l'autre une étude faite au *pavillon l'Infant*, à *Aix*.

862. Un dessin au lavis et légèrement coloré à l'aquarelle, représentant l'entrée de l'église souterraine de *Saint-Victor*, à *Marseille*; on y remarque un religieux en prières.

GERARD (M. le baron).

863. Le portrait au lavis, au bistre, de M. B. Neergaard, amateur de dessin; il est assis; la tête est terminée, le reste légèrement indiqué.

M. GRANET.

864. Un dessin lavé à la sepia et à l'effet, représentant une rue d'une ville d'Italie; on y remarque dans l'éloignement quelques monuments en ruines.

M. LETHIÈRE (Guillon).

865. Un dessin à la plume et au lavis, représentant un fait militaire des armées françaises.

M. MARTINET.

866. Un dessin terminé à la sepia, représentant un marché aux chevaux.

M. MARTINI (Blaise).

867. Deux dessins à la plume et au lavis; l'un représente une jeune femme conduite devant

ses juges, l'autre les docteurs et les évangélistes, et au-dessus d'eux des anges et des martyrs; cinq croquis divers à la plume, sur papier blanc.

M. MERIMÉE.

868. Un dessin à la plume, au lavis, à l'encre de la Chine, sur papier bleu et rehaussé de blanc, représentant Bacchus et Ariane.

M. MEYNIER.

869. Un dessin au crayon et au lavis, représentant un paysage de style historique.

870. Un dessin au crayon noir, d'après *Louis Carrache*, représentant la résurrection de la fille de Jaïr.

871. Un autre, dans la même manière, d'après *le Poussin*, représentant une scène du massacre des Innocents.

M. MILHOMME.

872. Un dessin au crayon noir, sur papier blanc, projet d'une statue de Psyché.

M. NORBLIN.

873. Un dessin, riche de composition, à la plume et au lavis, représentant un marché en Russie; deux paysages et marines, ornés de figures.

M. PINELLI.

874. Deux sujets modernes et pareils, tirés des mœurs italiennes. Ces deux compositions sont dessinées à la plume et lavées à l'encre de la Chine.

M. REDOUTÉ.

875. Un dessin, fait d'après nature, représentant un *Ibis;* on aperçoit un temple égyptien dans le fond. Ce dessin était destiné à faire partie de l'ouvrage publié par la commission d'Égypte.

M. ROSEL.

876. Un dessin terminé au lavis, au bistre, représentant le château de Loebichau, du côté du jardin.

Mlle SELLON D'ALLAMAN (Victoria).

877. Un dessin à l'effet, rehaussé de blanc, sur papier teinté, représentant une jeune amazone combattant deux cavaliers.

M. WILLE (le fils).

878. Une scène familière; dessin à la plume et lavé à l'effet, à l'encre de la Chine.

879. Dessin à la plume, offrant la réunion de quinze têtes de divers personnages de tous âges et de tous sexes

M. ZUCCHI.

880. Deux dessins à la sepia, à l'effet, représentant l'intérieur d'une vaste chambre basse d'auberge, et un paysage champêtre avec figures.

LOTS DE DESSINS DES ARTISTES VIVANTS.

881. Deux dessins d'après Sandro Boticelli, par M. *Riepenhausein;* l'un offre un sujet mystique; l'autre la même idée de composition que celle de la calomnie d'*Appelles*, par *Raphaël*.

882. Un dessin au crayon et au lavis, par une dame amateur, représentant saint Jean; deux portraits peints au pastel par un *artiste allemand;* l'un est celui de la reine de Prusse.

883. Une caricature à la mine de plomb, sur vélin, par M. *Dufresne* (*Nitot*); une caricature, par M. *Hennezel;* un petit dessin à l'estompe, d'après le buste de Napoléon, par *Canova*.

884. Une feuille de caricatures à la plume, par *Bianconi;* * deux dessins à la plume, par M. *Ramberg*, et le *café vénitien*, composition capitale, par le même.

885. Un dessin à la sanguine, représentant une jeune fille, vue par le dos et dans le costume d'une paysanne, par Mme *Lebrun;* une autre étude à l'encre de la Chine, d'après une paysanne du Hàvre, en 1783, *auteur inconnu*.

886. Un professeur et de jeunes écoliers, dessin à la plume et au lavis, par M. *Goltellini*, et cinq croquis au crayon et à la plume, par MM. *Appiani* et *Blaise Martini*. Un dessin à la plume, au lavis et rehaussé de blanc, par un *artiste moderne*, représentant Orphée implorant Pluton et Proserpine.

887. Neuf dessins et croquis à la plume et au crayon, par MM. *Ramberg, Bartsch* et *Egorooff.*

888. Trois croquis à la plume et au crayon, sujet, tête et figure, par M. *Bartsch.*

889. Deux paysages avec figures, dessinés à l'effet, au bistre, sur une feuille, par M. *Castelan;* une marine dessinée et colorée, par M. L.-G. *Harnouf;* un paysage à l'encre de la Chine, par M. *Molitor*, un paysage, par M. *Bidault.*

890. Un dessin vigoureux d'effet, au lavis, représentant une marine par un clair de lune, ornée de barques et figures, par mademoiselle *Annette Potocka;* une marine dessinée à l'effet, à la sepia, par un *artiste moderne.*

891. Un dessin à la plume et au bistre, à l'effet, représentant l'entrée d'une cour d'auberge à Mâcon, par M. *P. Lelu;* un dessin à la sepia, vue de la Seine et du pont des Arts, prise du Pont Neuf, et un croquis, vue du château des Tuileries; quatre dessins au crayon noir, sur papier bleu; ils offrent diverses vues d'I-

talie, telles que *la villa Mondragona* et *la fontanella de Grota Ferrara*.

DESSINS ET CROQUIS

DE M. LE BARON DENON (Dominique-Vivant).

Dessins qui ont servi à la publication du Voyage dans la Basse et dans la Haute-Égypte.

COMPOSITIONS, INVENTIONS, SUJETS DE FANTAISIE, PORTRAITS, CARICATURES, PAYSAGES, COPIES ET IMITATIONS,

d'après les grands maîtres.

---

892. La collection très remarquable des dessins originaux faits en Égypte, et d'après lesquels ont été gravés les 141 planches de l'ouvrage publié par M. Denon, sous le titre: *Voyage dans la Haute et Basse-Égypte*. Ces dessins, touchés avec esprit et d'un grand intérêt, offrent des vues pittoresques et de monumens, batailles, scènes diverses, usages et costumes, détails d'architecture et autres, plans, cartes, etc. Il est a observer qu'il manque le dessin de la vue du *Caire* pendant l'inondation du Nil, n° 88; et ceux de 12 planches de peu d'importance. L'absence des derniers provient de ce que quelques-unes de ces planches ont été gravées d'après des croquis partiels qui font

partie du n° suivant et qui n'ont pas été mis au net, et de ce que quelques autres l'ont été d'après des dessins prêtés à M. Denon.

893. Plusieurs croquis et calques, faits en Égypte, et en partie gravés dans le voyage cité plus haut. Cette collection marche naturellement à la suite de la précédente.

894. Dix-huit dessins terminés à la plume et au lavis, offrant des sujets tirés du roman du *Moine*. Cette collection intéressante n'a pas été gravée.

895. Un dessin d'une composition capitale, tracé à la plume et terminé à l'aquarelle, représentant des danseurs napolitains entourés de curieux.

896. Deux dessins à la plume et au lavis, sur une feuille; l'un représente un dessinateur dans un jardin; l'autre deux joueuses d'osselets.

897. Deux précieux dessins à la plume et lavés au bistre et à la sepia, pleins d'effet, l'un représente trois figures dans la maison d'un chimiste; l'autre une jeune femme dessinant dans un jardin. *Ils sont sur une feuille.*

898. Deux dessins, l'un aux deux crayons, représentant une jeune femme ajustée dans le style antique, et s'occupant de sa toilette; l'autre à la plume, au lavis et plein d'effet, repré-

sente une jeune femme dans l'affliction, entourée de ses sœurs et de sa famille.

899. Quatre dessins à la plume et au lavis, offrant des sujets, allégories et figures dans le style antique.

900. Six dessins à la plume dont quelques uns massés au lavis, offrant diverses compositions et groupes.

901. Huit dessins, dont trois seulement au trait, à la plume, un à la sanguine, les autres à la plume et au lavis; on y remarque plusieurs compositions pour les sujets de la chasteté de Joseph, de l'Adoration des bergers, de la Descente de croix, de la mort de Sénèque, etc.

902. Trois dessins, dont deux à la plume et au lavis, et un terminé sur une eau-forte, représentant saint François, la Vierge, l'enfant Jésus et une sainte.

903. Deux jolis dessins pleins d'esprit, à la plume et légèrement lavés, représentant des sujets religieux.

904. Trois dessins à la plume et au lavis, représentant des mendiants, une réunion d'amateurs de dessin et une vieille femme racontant des histoires à des enfants; ce dernier est terminé à l'effet.

905. Trois dessins à l'aquarelle, scènes, compositions et costumes asiatiques.

906. Trois dessins au crayon et à la plume, tous les trois massés au lavis, représentant l'atelier d'un peintre, une scène de nuit et des docteurs en dissertation.

907. Un dessin à la plume et aux deux crayons, représentant une jeune fille assise dans un paysage et réfléchissant.

908. Quatre dessins pleins d'effet et d'esprit, *sur deux feuilles*, représentant des scènes populaires; ils sont à la plume et massés avec esprit, au lavis.

909. Quatre jolis dessins, *sur deux feuilles*, à la plume et au lavis, représentant deux caricatures, une scène familière et un dessin plein d'esprit, à l'imitation du *Guerchin*.

910. Huit croquis à la plume, dont quelques-uns légèrement massés au lavis et au crayon; on y remarque deux compositions pour la fable de *Léda*, et une sibylle d'après Mme *Lebrun*.

911. Neuf dessins, les uns à l'aquarelle et les autres au lavis, représentant un choc de cavalerie; une scène de *Pourceaugnac*, et plusieurs compositions de scènes familières.

912. Onze croquis au crayon, offrant diverses compositions, figures d'amours et groupes.

913. Cinq dessins et quatre eaux-fortes, dont une retouchée au lavis, représentant des Amours différemment posés et deux scènes familières.

914. Huit dessins à la plume et au crayon, *sur quatre feuilles,* offrant diverses jolies compositions, sujets pastorals et autres.

915. Douze dessins à la plume, *sur six feuilles,* offrant des compositions, groupes, costumes populaires et scènes familières.

916. Dix dessins à la plume, dont quelques-uns massés au lavis, offrant pour la plupart des demi-figures groupées.

917. Onze dessins soignés et pleins d'esprit, à la plume et au lavis, représentant des danses de Nymphes et des costumes théâtrals, *sur sept feuilles.*

918. Six dessins au crayon, sur deux feuilles, représentant diverses compositions, groupes et figures.

919. Huit dessins à la plume, *sur quatre feuilles,* représentant divers sujets familiers, groupes et caricatures.

920. Six dessins, *sur deux feuilles,* à la plume et au lavis, représentant différentes réunions et scènes familières.

921. Quinze petits dessins à la plume, au lavis et au crayon, *sur deux feuilles,* représentant

divers sujets de fantaisie, groupes, figures et portraits.

922. Quinze dessins à la plume et au lavis, légèrement indiqués, offrant diverses scènes familières, costumes, sujets pastorals et figures détachées.

923. Huit croquis à la plume et au lavis, *sur six feuilles*, offrant divers groupes d'après nature, et compositions.

924. Onze croquis à la plume, dont un légèrement massé au lavis, offrant diverses compositions, scènes familières, groupes et figures.

925. Treize croquis à la plume et au lavis, offrant divers sujets, dont un de Paul et Virginie, et Jupiter et Antiope.

926. Quatorze croquis et esquisses à la plume, au crayon et au lavis, offrant des compositions, sujets de fantaisie et portraits.

927. Cinquante-six légers croquis au crayon, offrant des compositions, sujets de fantaisie, groupes et études diverses.

928. Deux dessins, riches de composition, à la plume et lavés au bistre, représentant, l'un une procession dans une église, l'autre la place d'une ville pendant les réjouissances du carnaval.

929. Une suite fort intéressante de 46 petits portraits d'artistes célèbres, faits d'après les tableaux originaux de la galerie de Florence, exécutés avec le plus grand soin et parfaitement ressemblants. Ces dessins ont été gravés à l'eau-forte par M. Denon. Plusieurs épreuves et plusieurs contre-épreuves de ces gravures sont jointes à ces dessins.

930. Dix petits portraits, *sur deux feuilles*, précieusement exécutés : les personnages qu'ils représentent sont: *Jeanne Iere et Jeanne IIe, Caraccioli, le roi André, Charles III, saint Thomas-d'Acquin, Mazaniello, le doge Renieri, Couradin, le marquis Canucci.*

931. Un portrait précieusement dessiné à l'aquarelle, sur un trait à la plume, représentant une jeune dame et son enfant.

932. Deux portraits en pied, *sur une feuille* : l'un est celui d'une femme, il est dessiné à la plume ; l'autre est dessiné à la plume et au lavis, à l'effet ; il représente une femme assise près de sa croisée.

933. Six dessins aux divers crayons, à la plume et au lavis à l'effet, offrant divers portraits ; l'un est terminé sur une eau-forte.

934. Cinq portraits et groupes de portraits, *sur*

trois feuilles, dessinés aux divers crayons : deux sont au trait, les autres légèrement massés.

935. Un volume contenant cinquante-huit dessins, les uns indiqués avec esprit, les autres terminés dans diverses manières. Presque tous sont des portraits : quelques uns représentent des groupes et des caricatures.

936. Onze portraits et groupes de portraits dessinés ou croqués, à la plume ou au crayon. Ils sont *sur sept feuilles*.

937. Quatorze portraits en buste et en pied, d'hommes, de femmes et d'enfants, au crayon, à la plume et quelques-uns à l'aquarelle.

938. Vingt-sept dessins offrant des portraits dont plusieurs sont connus, têtes de fantaisie, caricatures et costumes, à la plume; quelques-uns sont légèrement massés au lavis.

939. Vingt-deux caricatures, têtes, figures, groupes, et quelques costumes légèrement tracés au crayon.

940. Trente-sept caricatures et portraits en buste, très légèrement indiqués au crayon; quelques uns des portraits sont connus.

941. Une suite intéressante de vingt-deux portraits en buste, au crayon, dont plusieurs sont presque

terminés, et représentent des personnages connus.

942. Quinze portraits de femmes en buste, terminés d'une manière fine et spirituelle, soit au lavis, soit à l'aquarelle, soit au crayon.

943. Quatorze portraits d'hommes et de femmes, légèrement indiqués aux divers crayons et à l'estompe, et non terminés.

944. Quinze portraits à la plume, dont quelques-uns sont terminés.

945. Vingt-trois portraits d'hommes, de femmes et d'enfants, en buste, la plupart légèrement indiqués au crayon, et massés à l'estompe.

946. Dix-neuf portraits en buste d'hommes et de femmes facilement indiqués à la plume.

947. Trente-six croquis; portraits d'hommes et de femmes en buste, légèrement indiqués au crayon, caricatures et contre-épreuves.

948. Vingt-quatre caricatures, têtes de fantaisie et costumes, à la plume, dont quelques-uns au lavis.

949. Vingt-neuf portraits, la plupart d'hommes, et dont la tête est seulement indiquée avec esprit au crayon.

950. Quarante portraits, la plupart seulement indiqués au crayon; presque tous sont des portraits de femmes.

951. Quatorze jolis croquis, sur trois feuilles, à la plume, la plupart massés au lavis, offrant divers sujets de fantaisie, figures et caricatures.

952. Deux caricatures dessinées d'une manière spirituelle, et arrêtées à la plume et au lavis.

953. Vingt-six croquis au crayon, offrant des portraits, têtes de fantaisie, figures et caricatures.

954. Dix-neuf caricatures et portraits à la plume, dont la plupart sont légèrement massés au lavis.

955. Vingt-sept croquis légèrement tracés au crayon, offrant des portraits, caricatures et costumes divers.

956. Deux dessins, *sur une feuille :* l'un, au crayon, représente un chat; l'autre, à la plume et au lavis, représente des loups dans un bergerie.

957. Huit dessins et croquis au crayon, études d'après nature, figures et têtes.

958. Dix-neuf caricatures, à la plume et au

crayon, offrant des groupes, figures et têtes; *sur cinq feuilles.*

959. Huit caricatures au crayon et à la plume, *sur cinq feuilles :* une est terminée à l'aquarelle, une autre au lavis.

960. Seize caricatures et figures, *sur huit feuilles :* elles sont dessinées à la plume ; quelques-unes sont massées au lavis.

961. Neuf dessins à la plume, représentant des figures en pied, diverses caricatures et costumes.

962. Quatorze portraits et caricatures, à la plume.

963. Seize croquis à la plume et au lavis, offrant diverses caricatures, groupes d'après nature, et scènes familières.

964. Seize caricatures, scènes burlesques, et compositions diverses, légèrement indiquées à la plume.

965. Dix-sept dessins et croquis, à la plume, dont quelques-uns légèrement massés, offrant une marine et divers groupes, figures et caricatures.

966. Cinquante-sept feuilles de croquis, à la plume, offrant diverses compositions, groupes, et études d'après nature, légèrement indiquées.

967. Trente-quatre croquis très légers, à la plume et au crayon, offrant des études d'animaux et autres de détails divers d'ornements.

968. Vingt-trois croquis à la plume, études d'après nature, groupes, caricatures, et poses de portraits.

969. Seize paysages et vues d'après nature, au crayon et à la plume; trois sont gravés à l'eau-forte.

970. Vingt-neuf croquis au crayon et à la plume, dont quelques-uns légèrement massés, offrant des points de vue de paysages pris pour la plupart d'après nature.

971. Huit paysages, vues d'après nature, ornés de figures, dessinés à la plume et terminés avec goût à l'aquarelle.

972. Huit paysages et études de marines, à la plume et au lavis, dont la plupart portent le caractère d'études d'après nature.

973. Quarante-cinq petits dessins au crayon et *de forme ronde*, *sur cinq feuilles*, la plupart d'après les peintures d'Herculanum.

974. Un dessin à la plume et au lavis, d'après la composition de *Raphaël*, représentant la Calomnie d'Apelles.

975. Cinq dessins précieusement indiqués, trois aux deux crayons, un au crayon noir et au lavis, l'autre au trait. Ces dessins sont copiés ou faits à l'inspiration des productions du Corrège ; le plus important, représente la Vierge et l'enfant Jésus adoré par deux anges et sainte Catherine; il est légèrement teinté à l'aquarelle et au crayon.

976. Dix dessins à la plume, dont quelques-uns légèrement massés au bistre, offrant des études de têtes d'après divers maîtres d'Italie, dont une d'après *Léonard de Vinci*.

977. Cinq dessins, *sur une feuille*, savoir : une marine d'après Vernet, au crayon; trois sujets d'après Raphaël, André del Sarto et Parmesan, aussi au crayon, et divers modèles de vases, à la plume.

PORTRAITS,

TÊTES ET SUJETS DE FANTAISIE, IMITATION DE CAMÉE,

en miniature ;

PAR DES ARTISTES ANCIENS ET MODERNES.

HALL.

Né vers 1725.

978. Portrait de M. Denon dans sa jeunesse : il est représenté assis près d'une table, vu jusqu'aux genoux et tenant un crayon. Cette miniature est grande et de forme ovale.

979. Un portrait de femme, grande miniature très soignée, quoique largement peinte.

980. Quatre portraits de femmes représentées en buste.

Mlle HARVEY.

981. Trois miniatures d'après des camées antiques.

M. HESSE.

982. Une grande miniature, représentant une jeune femme dans son lit.

KLINGSTET.

Né vers 1657, mort en 1734.

983. Cinq jolis dessins et miniatures, très finement exécutés, offrant divers groupes, et sujets de fantaisie.

M. PARENT.

984. Portrait de l'impératrice Joséphine, miniature imitant le camée d'une sardoine antique.

ARTISTES INCONNUS.

985. Miniature fort agréable, d'après un tableau de *Boucher*, représentant une nayade. *Forme ovale en travers.*

986. Deux portraits de femmes en buste, en miniature, à l'huile; un autre en miniature.

987. Les objets omis ou non décrits seront compris dans ce numéro.

FIN.

www.ingramcontent.com/pod-product-compliance
Lightning Source LLC
Chambersburg PA
CBHW071157240526
45470CB00016BA/260